따라 읽으면 되는 여행 중국어

Travel English

Intro

해외 여행 길에 올라보면 평소 알고 있다고 생각하던 쉬운 말들도 쓰려고 하면 입속에서 뱅뱅 맴돌기만 할 뿐 표현이 생각이 나지 않아서 무척이나 답답하였던 경험이 한 번쯤은 있을 겁니다.

이 책은 그런 답답함을 겪지 않도록 하기 위하여 실재로 외국에 나가게 되었을 때 겪게 되는 상황에 맞추어 자주 쓰이는 간단한 표현의 회화와 각 나라별로 다른 문화적 특성으로 실수하지 않도록 꼭 필요한 여행정보를 실었습니다.
먼저 우리말 표현을 쓰고 그에 맞춰 중국어와 한글로 발음을 표기해 놓았기 때문에 원하는 내용을 쉽게 찾아볼 수 있도록 하였습니다.
발음 표기는 최대한 실제 발음과 비슷하게 우리말로 표기를 하였으나 간혹글자의 원래 발음으로 표기하기가 곤란한 경우에는 다소 다르게 표기하더라도 쉽게 읽을 수 있도록 하였습니다.

따라 읽으면 되는 여행중국어로 해외에서 맞게 될 급박한 상황에 지혜롭게 대처하여, 한 마디 말로 여행의 재미를 더 할 수 있게 되길 바랍니다

CONTENTS

CONTENTS

CONTENTS

01

기본회화

Basic Conversation

01 인사하기
02 소개하기
03 말걸기와 묻기
04 대답하기
05 부탁하기
06 중국어를 모를 때
07 감정표현
08 감사, 사과 인사하기
09 전화하기

여행 전 준비

01 비자와 여권 체크

※ 여권(PASSPORT)이란?

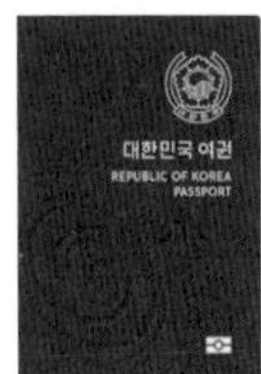

국가가 대외적인 목적으로 발행하는 신분증이며 국외로 나가는 자국민의 안전을 상대국에 요청하는 문서로서 해외에서는 한국인임을 증명하는 **국제 신분 증명서**이다. 여권은 발급자의 신분과 여권 기한등의 특성에 따라 나누어진다, 단수여권, 복수여권, 관용여권, 외교관여권, 임시여권, 군인여권, 동반자여권 등이 있다.

여권의 유효기간은 최소 3개월에서 6개월 이상 남아있어야 한다.

※ 여권의 종류와 발급대상

■ 일반여권

• 복수여권

일반적인 국민을 대상으로 한 여권으로 기간은 5년이며 1회에 한하여 기간 연장이 허용되어 10년 사용가능하다,

• 단수여권

1년 기한 안에 1회 출국만이 가능하며 본인에 요청에 의한 경우나 상습적인 여권 분실자로 관계기관에 조사를 받고 있는 사람에게 발급한다.

■ 관용여권

공무상으로 국외 여행을 해야하는 공무원 및 정부 투자기관 임원 및 직원 등에게 발급한다.

■ 거주여권

해외 이주, 국외 입양, 해외장기 체류자에게 발급한다.

※관용여권과 해외이주(이민)여권은 외교통상부 여권과에 신청.

※ 여권 신청에 필요한 서류

- 최근 6개월 이내에 촬영한 사진 2장(3.5CmX4.5Cm)
- 최근 2개월 이내에 빌급 받은 주민등록등본/주민등록증
- 신원 진술서 3부
- 병역 관계 서류(만 18세 이상 남자만 해당)
- 군필자는 읍, 면, 동에서 발행한 국외여행신고서 1부
- 미필자는 지방병무청에서 발행한 국외여행허가서 1부

※ 여권 발급절차

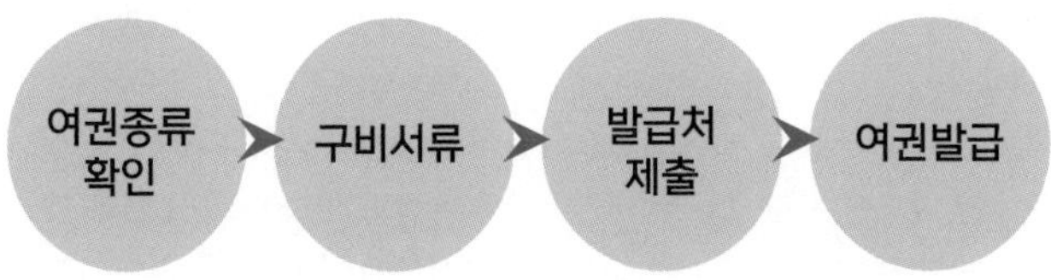

여행 전 준비

※ 비자(VISA)

비자는 입국하려는 국가의 재외공관이 발행하는 입국 허가증이다. 중국을 여행하려면 반드시 비자를 받아야 입국이 가능하다. 중국 비자는 각 나라 중국 대사관과 홍콩에 있는 중국 비자사무처, 심천 출입국 사무소의 비자 발급처에서 받을 수 있다. 이것 이외에도 배에서 받는 선상 비자등이 있다.

관광비자의 유효기간은 2개월이고 국가안전국 외적인사처의 비준을 받으면 연장이 가능하다. 만약 중국에서 3개월이상 더 체류하고 싶다면 중국 밖에서 새 비자를 신청해야만 재입국이 가능하다. 일반적으로 홍콩에서 신청하는 것이 편리하다. 체류기간 초과시 인민폐 500위안(55달러)의 벌금을 내야 한다.

대만/홍콩/해외교포

대만 동포는 홍콩의 중국 여행사 지사나 중국 외교부, 홍콩에서 비자를 받을 수 있다. 물론 각국 중국 대사관에서도 신청 가능하다.
홍콩 주민은 출입국증이나 환향증을 지니고 대륙과 홍콩을 왕래해야 한다.
해외교포의 귀국 시 비자가 필요없고 여권과 중국 정부가 비준한 신분증만 있으면 된다. 만약 중국 내에서 여권과 비자를 분실 했을 때에는 반드시 자국 대사관과 중국국가안전국에 알려야 한다.

01 각종 증명서

◆ 국제 학생증

세계 어디서나 통용되는 학생증으로 미리 준비하여 가면 여러가지 할인 혜택을 받을 수 있게 된다. 학생증 사본, 반명함판 사진 1매, 신청서를 가지고 신청하면 된다.

◆ 유스호스텔 회원증

세계 각국의 유스호스텔을 사용할 수 있는 회원증으로 한국유스호스텔연맹에서 발급한다.

◆ 국제운전 면허증

여행지에서 직접 운전을 할 것이라면 준비해야 한다. 신청은 관할 운전 면허시험장에서 한다.

02 여행자 보험

여행 중에 질병이나 사고를 대비하여 가입하는 보험으로 가입절차도 간단하고 비용도 저렴하다. 여행사를 통해 여행할 경우 여행사에서 단체로 가입하는 경우가 많다.

여행 전 준비

03 긴급상황 체크

※ 여행 가기 전에 꼭 체크하여야 할 것들.

- 여권 : 사진면과 중국 비자면의 복사본 필수
- 항공권 : 출국 귀국일자, 노선, 유효기간을 확인한 후 복사본 필수
- 여분의 여권 사진 2장
- 투숙 호텔 주소
- 위급할 경우 연락처
- 대사관(대한민국) 주소, 전화번호
- 수신자부담 전화번호
- 한국 돈 : 공항세, 입·출국시 왕복 교통비를 준비한다.
- 신용카드 : 신분증명과 같이 가져간다.
- 여행자 수표 : 작은 단위로 준비한다.
- 해외여행보험 : 여행 도중의 사고에 대비한 보험
- 국제 학생증
- 소형 계산기
- 필기도구, 수첩 : 항공권과 여권의 내용을 따로 적는다.
- 필름(메모리 칩): 인천 공항 면세점에서 구입한 후 나가는 것이 저렴.
- 사전. 회화집 : 자유 여행자의 필수품

04 여행, 가방 준비하기

짐은 최대한 가볍게 싸고 짐의 무게는 10~15kg 정도가 적당하며

여행 복장은 편하고 현지 기후에 적합한 것을 준비한다. 가장 먼저 가방에 넣어야 하는 짐은 부피가 가장 큰 옷가지들이다. 주름지지 않게 옷을 꾸리려면, 우선 반듯하게 옷들을 펴놓은 후 둘둘 말아 가방에 넣는다. 한꺼번에 옷을 꾸려 넣은 다음에는 가방의 남는 모서리에 속옷이나 양말, 신발 등을 넣는다. 딱딱한 트렁크에는 말아서 넣기가 어려우므로 옷을 반으로 접어 쌓는다. 세면도구와 속옷류, 신발은 서로 뒤섞이지 않도록 입구를 봉할 수 있는 비닐 봉지에 따로 싸서 가방 가장자리의 빈 부분에 넣는다. 또 자주 꺼내야 하는 여권과 지갑, 화장품 등은 여행가방과는 별도로 핸드백이나 벨트색에 따로 챙겨 둔다. 이렇게 하면 큰 가방은 호텔이나 짐 보관소에 맡기고 작은 가방만 가지고 간편하게 다닐 수 있다.

◆ 여행 가방의 크기와 무게

비행기에 맡길 수 있는 짐은 행선지와 클래스에 따라 조금씩 차이가 있지만, 기본 허용량은 이코노미와 비즈니스 클래스 모두 무게는 20kg으로 제한된다. 이 무게를 초과할 때는 1kg 마다 별도의 추가 요금을 내야 한다. 비행기 내에 반입 할 수 있는 가방과 짐은 가로, 세로, 높이의 합계가 115Cm 이내로 좌석 밑에 들어갈 수 있는 크기이어야 하며 이보다 큰 짐은 출국수속 때 따로 부쳐야 한다.

◆ 준비물

구김이 안가는 바지, 스웨터, 티셔츠, 팬티, 가벼운 운동복, 와이셔

여행 전 준비

츠, 런닝 , 넥타이, 양말 각 3~4벌 초봄 · 가을에는 코트, 특히 중국 사람들은 옷차림에 그다지 신경을 쓰는 편이 아니어서 여름철에는 반바지와 런닝셔츠 차림이나 슬리퍼를 신은 사람들을 시내 어디에서나 볼 수 있다. 심지어는 위통을 벗고 다니는 사람들도 많이 눈에 띄는 편이다. 특히나 여자로서의 옷차림이라면 더더욱 신경 쓸 필요 없을 것이다.

▶ **신발 :** 걷기에 편한 신발이 좋고 여름에는 샌들도 괜찮다.

▶ 세면도구, 화장품, 면도기 , 헤어드라이어, 치약, 칫솔, 손톱깍기

▶ **구급약 :** 중국에서는 약국을 찾아보기 어렵다 기본적인 구급약은 떠나기 전에 준비해 가는 것이 좋다. 평소에 복용하는 약과 소화제, 진통제, 감기약, 소독약, 바르는 파스와 1회용 밴드, 생리대 등을 준비해 간다. 렌즈 사용자는 식염수와 렌즈통도 잊지 말고 챙긴다.

▶ 바늘과 실, 단추, 우산

▶ **명함 :** 외국인 친구를 사귈 때 써라.

▶ **전통기념품 :** 열쇠고리, 엽서, 동전 등

▶ 여권과 항공권, 현금, 신용카드, 필기도구와 각종 서류는 빠뜨리지 말고 챙겨서, 작은 가방 등에 넣어 몸에 지닌다. 여권과 항공권의 사본, 여행자 수표의 구입일시와 번호, 신용카드번호 등과 현지 여행사, 항

공사, 한국 대사관과 같은 전화번호는 반드시 별도로 수첩을 마련해 적어두고 만일의 경우에 대비하는 것이 좋다

05 중국의 화폐

◆ 중국의 통용 화폐, 인민폐

중국에서 현재 통용되는 화폐는 지폐 100위안, 50위안, 20위안, 10위안, 5위안, 1위안, 동전으로 5자오, 1자오, 5펀, 2펀, 1펀 등이 있다. 동전은 1위안, 5자오, 1자오 정도가 쓰이고 나머지 동전은 점차 사라지는 추세다.

참고로 중국은 외환태환권(외국인용)과 인민폐(중국 국민용)를 함께 사용하던 것을 1994년 6월 가트(Galt) 가입 이후 단일화시켰다.

06 중국관련 화폐

입국자 중 중국 국민이면 갖고 있는 외폐, 여행수표, 신용카드의 금액에 대한 제한이 없으나, 중국 국민이 아니면 갖고 있는 미화가 5,000불이 초과할 경우에 세관에 신청해야 한다. 외국인 여행객은 출입국할 때 6,000 위안만 가질 수 있다. 세계 주요은행의 신용카드, 마스터, VISA, JCB 등은 중국 대형백화점, 항공사, 고급호텔에서

편리하게 쓸 수 있다.
예술품은(현대 유명한 서화가의 작품 포함) 문화부서의 검사와 허락을 받아야 반출이 가능하다

07 환전

환율은 매일 바뀌므로 출발하기 전에 환전하는 것이 좋다. 환전은 세계 30여 개국의 각종 화폐가 준비되어 있는 인천공항 환전소에서의 환전이 가장 편리하다. 환전을 하려면 여권을 구비해야 하며 1회 가능 환전액수는 미국달러 1만 달러로, 가능한 한 중국 화폐로 한국에서 미리 바꾸어 가는 편이 유리하다.
매일 변하는 환율변동에 따른 환율상의 불이익과 수수료를 떼기 때문이다. 즉, 환전하는 횟수가 많을수록 불리하다.
중국 내에서의 환전은 세관에서 신고상황과 국가외환관리조례에 따라 할 수 있다. 다수의 은행과 호텔에서 현금과 여행자 수표를 바꿀 수 있으며 바꿀 때 여권을 보여주어야 한다. 환전 영수증을 잘 보관해야 출국할 때 남은 인민폐를 자국의 화폐로 바꿀 수 있다.

공항에 있는 중국은행 출장소나 중국은행 각 지점에서 가능하다. 중국은행의 영업시간은 09:30부터 12:00 까지, 14:00부터 16:00까지다. 토요일은 쉬는 경우가 많고, 일요일, 경축일은 휴무다.
호텔이나 대도시의 외국인 상대 쇼핑센터나 우의상점(중국 내 고급 쇼핑몰, 마트) 등에서도 환전이 가능하다. 1995년 2월 13일부터 해

외에 가지고 나갈 수 있는 통화한도가 $5,000에서 $1만으로 인상되었다. (신용카드 대금은 별도)

08 여행자 수표

여행자 수표는 현금보다 환율이 좋고 분실이나 도난 사고시에도 회수가 가능하다는 점과 현금보다 휴대하기 간편하다는 점에서 편리하다. 하지만 현지에서 현금으로 재환전할 때 여행자 수표를 발행한 은행을 제외한 일반 환전소에서는 수수료를 받는다는 것이 단점이다.

09 신용카드

카드를 이용한 현금 서비스는 일반 회원의 경우 신용도에 따라 1~2천 달러(US$), 골드 회원은 2천 달러(US$)까지 인출이 가능한데 현금 인출기에서 1회 5백 달러(US$)만 인출이 가능하므로 2~4회에 나누어 인출하면 된다. 국제적으로 통용되는 카드로는 Master Card. American Express Card, Diners Club Card, Visa Card 등이 있다. 현재 중국에서도 신용카드의 사용이 급증하고 있다. 베이징이나 상하이, 광저우 등의 이른바 외국인들이 많이 찾는 대도시에서는 호텔뿐만 아니라 쇼핑센터, 음식점 등에서 사용이 가능하다. 그러나 지방의 작은 도시에서는 호텔이라 하더라도 카드의 사용이 불가능한 곳도 있다.

여행 전 준비

10 현 금

현금은 쓰기에는 편리하지만 분실할 위험이 있으므로 보통 총 경비의 70%를 여행자 수표(T/C)로, 나머지 30%를 현금으로 준비하는 것이 좋다. 팁으로 줄 잔돈을 준비하면 편리하다.

11 반입금지 물건

무기, 가상무기, 탄약과 폭발물, 위조화폐 및 위조유통 가능한 채권, 중국 정치, 경제, 문화 이익에 해칠 모든 선전품 각종 치명적인 독약과 아편, 헤로인, 대마초 및 기타 마약, 전염되기 쉽거나 병충해 보인자를 가지고 있는 동·식물과 관련 물품, 전염병 지역에서온 식품, 약품 및 기타 생물의 건강에 해치거나 병을 전염할 물품, 입국이 금지된 모든 물건, 국가안전에 관련된 모든 선전품, 수출이 금지된 문물, 희귀 동식물 종자 및 번식 자료.

12 중국의 날씨

중국은 워낙 지역이 넓어서 기후도 지역에 따라 갖가지이다. 때문에 일정한 지역의 기후에 맞게 소지품을 준비해 가야 한다.
우리 나라 사람이 많이 가는 둥베이(동북)지방은 여름이라도 밤에는 서늘하고 백두산의 경우는 바람이 심하게 불고 있으므로 점퍼나 스

웨터 등을 준비해 간다.
그리고 백두산 정상은 항상 구름이 왔다갔다 하는 곳으로 지상에서 맑은 날씨라 하더라도 위에서는 비가 오는 경우가 있으므로 가벼운 비옷을 준비해 가면 도움이 된다.
또한 둥베이지역은 겨울이 되면 기온이 영하로 뚝 떨어지고 눈이 쌓일 때도 많으므로 겨울에 여행을 하려고 생각한다면 방한 준비를 철저히 해가야 낭패를 보는 일이 없다.
하지만 둥베이지방이 한겨울이어도 남부의 해안 지역과 하이난도 등지는 꽤 온난한 편이다. 그러므로 여행지역에 대한 충분한 사전 정보는 필수이다.

13 중국 오성홍기

중국의 국기는 오성홍기로 오성홍기의 다섯 개의 별 중 가장 큰별은 중국 공산당을 상징하며 나머지 4개의 별은 모든 중국민을 상징한다. 마오쩌뚱이 중국인을 노동자, 농민, 도시 소자산 계급, 민족 자산 계급으로 분류했기 때문이다. 그 구도가 갖는 의미는 큰 별이 나머지 4개의 작은 별을 인도하는 것이다. 다섯 개의 별은 중국인민의 대단결을 뜻한다. 별의 색이 황색인 것은 중국민이 황색 인종이라는 민족적 특징을 의미하고 바탕인 붉은색은 혁명을 상징한다.

MEMO

Basic Conversation
인사하기

안녕하세요.

你好

Nǐ hǎo 니 하오

안녕하세요. (아침 인사)

早啊

Zǎo a 자오 아

안녕히 주무세요.

晚安

Wǎn'ān 완 안

안녕히 가세요.

慢走

Màn zǒu 만 조우

실례합니다.

对不起

Duìbuqǐ 뛔이 부 치

만나서 기쁩니다.

认识你很高兴

Rènshi nǐ hěn gāoxing 런쓰니 헌 까오싱

또 만나요.

再见

Zàijiàn 짜이 찌엔

잘 지내고 계십니까?

还好吗?

Hái hǎo ma 하이 하오 마

처음 뵙겠습니다.

初次见面

Chūcì jiànmiàn 추 츠 지엔 미앤

잘 먹겠습니다.

我要吃了

Wǒ yào chī le 워 야오 츠 러

잘 먹었습니다.

我吃好了

Wǒ chī hǎo le 워 츠 하오 러

오랜만입니다.

好久不見

Hǎo jiǔ bù jiàn 하오 지우 부 지엔

잘 다녀오세요.

一路順風

Yīlùshùnfēng 이 루 순 펑

즐거운 하루되세요.

祝你愉快

Zhù nǐ yúkuài 쭈 니 위 콰이

요즘 어떠신가요?

最近怎么样?

Zuìjìn zěnme yàng? 쭈이진 전머양

건강은 어떠신가요?

你身体好吗?

Nǐ shēntǐ hǎo ma? 니 션티 하오.마

사업은 잘 되십니까?

生意怎么样?

Shēngyi zěnme yàng? 셩이 전머양

다음에 또 뵙겠습니다.

再见

Zài jiàn 짜이지엔

만나서 반가웠습니다.

见到你很高兴

Jiàn dào nǐ hěn gāoxing 찌엔 따오니 헌 까오씽

Basic Conversation

소개하기

제 이름은 길동입니다.

我叫吉东

Wǒ jiào Jí dōng 워 찌아오 지 동

저를 소개해도 되겠습니까?

我可以自己介紹一下吗?

Wǒ kěyǐ zìjǐ jièshào yíxià ma? 워 커 이 쯔지 지에샤오 이씨아 마?

전 한국에서 왔습니다.

我是从韩国来的

Wǒ shì cóng Hánguó lái de 워 쓰 충 한 구어 라이 더

전 한국인입니다.

我是韩国人

Wǒ shì Hánguórén 워 쓰 한 구어 런

당신은 몇 살입니까?

你多大年纪?

Nǐ duō dà niánjì 니 뚜어따 니엔지

당신 이름은 무엇입니까?

你叫什么名字?

Nǐ jiào shénme míngzi? 니 찌아오 션머 밍즈

여기, 제 명함입니다.

这是我的名片

Zhè shì wǒ de míngpiàn 쩌 쓰 워 더 밍 피엔

학생(주부)입니다.

是学生(主妇)

Shì xuésheng(zhǔfù) 쓰 쉬에셩(주푸)

회사원(사업가)입니다.

是公司职员(企业家)

Shì gōngsī zhíyuán(qǐyèjiā) 쓰 공 스 즈위엔(치예지아)

혼자(단체여행) 왔습니다.

是来个人旅行(团体旅行)的

Shì lái gèrén lǚxíng(tuántǐ lǚxíng) de 쓰 라이 거른 뤼씽(투안 티 뤼씽) 더

중국은 이번이 처음(두번째)입니다.

是第一次(二次)来中国的

Shì dì yí cì(èr cì) lái Zhōngguó de 셔 띠 이 츠(얼츠) 라이 쭝 구어 더

직업이 무엇인가요?

职业是什么?

Zhíyè shì shénme? 즈예 쓰 션머

잘 부탁드립니다.

拜托你

Bàituō nǐ 바이투오 니

Basic Conversation
말걸기와 묻기

이것은 무엇입니까?

这是什么?

Zhè shì shénme? 쩌 쓰 션 머

이름이 뭡니까?

叫什么名字?

Jiào shénme míngzi? 찌아오 션 머 밍즈

몇 시에 돌아옵니까?

几点回来?

Jǐ diǎn huílái? 지 디엔 후이 라이

몇 시까지 합니까?

到几点做?

Dào jǐ diǎn zuò? 따오 지 디엔 주오

몇 시에 시작합니까?

几点开始?

Jǐ diǎn kāishǐ? 지 디엔 카이쓰

몇 시입니까?

现在几点?

Xiànzài jǐ diǎn? 씨엔짜이 지 디엔

어디인가요?

在哪里?

Zài nǎli? 짜이 나 리

어느 쪽인가요?

是哪个方向?

Shì nǎge fāngxiàng? 쓰 나 거 팡 씨앙

누구인가요?

是谁?

Shì shéi? 쓰 쉐이

어느 것인가요?

是哪一个?

Shì nǎ yíge? 쓰 나 이 거

얼마인가요?

多少钱?

Duōshao qián? 뚜어샤오 치엔

정말입니까?

真的 吗?

Zhēnde ma? 쩐 더 마

도와주시겠어요?

能帮我吗?

Néng bāng wǒ ḿa? 넝 빵 워 마

여기요. (여보세요)

喂

Wéi 웨이

~씨

~先生

Xiān sheng ~씨엔셩

뭐라구요?

什么?

Shénme? 션 머

여기에 앉아도 될까요?

可以坐这儿吗?

Kěyǐ zuò zhèr ma? 커이 쭈오 쩔 마

공중전화는 어디에 있나요?

公用电话在哪里?

Gōngyòngdiànhuà zài nǎli? 꽁용띠엔화 짜이 나리

화장실이 어디인가요?

卫生间在哪里?

Wèishēngjiān zài nǎli? 웨이셩지엔 짜이 나리

Basic Conversation
대답하기

예.

是

Shì 쓰

아니오.

不是

Bú shì 부 쓰

괜찮습니다 (사양의 의미)

没事儿

Méi shìr 메이 셜

그렇습니다.

是的

Shìde 쓰 더

알겠습니다.

知道了

Zhīdao le 쯔 다오 러

천만에요.

不客气

Búkèqi 부 커치

맞습니다.

对

Duì 뛔이

동감입니다.

我也这么想

Wǒ yě zhème xiǎng 워 예 쩌 머 씨앙

모르겠어요.

不知道

Bùzhīdào 부 쯔 다오

Basic Conversation

부탁하기

부탁합니다.

拜托了

Bàituō le 바이 투어 러

알려주시겠어요?

能告诉我吗?

Néng gàosu wǒ ma? 넝 까오수 워 마

저 좀 도와주시겠어요?

能帮我一下吗?

Néng bāng wǒ yíxià ma? 넝 방 워 이씨아 마

물론입니다.

當然

Dāng rán 땅 란

잠깐 기다려 주세요.

等一下

Děng yí xià 덩 이 씨아

이 일을 처리해 주십시오.

请把这件事处理处理

Qǐng bǎ zhè jiàn shì chùlǐchùlǐ 칭 바 쩌 지엔 쓰 추리 추리

Basic Conversation

중국어를 모를 때

잘 알아듣지 못했습니다.

听不懂

Tīng bù dǒng 팅 부 동

영어가 되시는 분 있습니까?

有人会说英语吗?

Yǒu rén huì shuō Yīngyǔ ma? 요 런 후이 수오 잉위 마?

전 중국어를 할 줄 모릅니다.

我不会说汉语

Wǒ bú huì shuō Hànyǔ 워 부 후이 수오 한위

한국어를 말 할 수 있습니까?

你会说韩国语吗?

Nǐ huì shuō Hánguóyǔ ma? 니 후이 수오 한구어위 마

조금 천천히 말씀해 주시겠습니까?

请慢慢說

Qǐng mànmān shuō 칭 만만 수오

다시 말씀해 주세요.

请再说一遍

Qǐng zài shuō yí biàn 칭 짜이 수오 이 비엔

대답할 바를 모르겠습니다.

不知道怎么回答

Bùzhīdào zěnme huídá 부 쯔 다오 전머 후이다

알아듣지 못해서 답답합니다.

听不懂真着急

Tīngbudǒng zhēn zháojí 팅 부 동 쩐 자오지

알겠습니다. 아, 그렇군요.

知道了，是这样

Zhīdao le, shì zhèyàng 쯔 다오 러, 쓰 쩌양

그게 무슨 뜻인가요?

这是什么意思?

Zhè shì shénme yìsi? 쩌 쓰 션머 이스

크게 말씀해 주시겠습니까?

说大声一点儿?

Shuō dàshēng yì diǎnr 수오 따 셩 이디얼

방금 뭐라고 그러셨어요?

刚才说什么?

Gāngcái shuō shénme? 깡차이 수오 션머

여기에 좀 써주세요.

请写在这儿

Qǐng xiě zài zhèr 칭 씨에 짜이 쩔

Basic Conversation

감정표현

괭장하네요.

很不錯

Hěn búcuò 헌 부 추오

멋지네요.

很漂亮

Hěn piāo liang 헌 피아오 리앙

덥네요. / 춥네요.

很热 / 很冷

Hěn rè / Hěn lěng 헌 러어 / 헌 렁

친절하시네요.

很热情

Hěn rèqíng 헌 러어칭

즐겁습니다.

很高兴

Hěn gāoxing 헌 까오씽

귀엽네요.

很可愛

Hěn kě'ài 헌 커 아이

Basic Conversation

감사, 사과 인사하기

고맙습니다.

谢谢

Xièxie 씨에 씨에

친절에 감사합니다.

感谢你的热情接待

Gǎnxiè nǐ de rèqíng jiēdài 간 씨에 니더 러칭 지에 따이

신세 많이 졌습니다.

给你添麻烦了

Gěi nǐ tiān máfan le 게이 니 티엔 마판 러

송구스럽습니다.

不好意思

Bùhǎoyìsi 뿌 하오 이 스

저도 감사합니다.

我也谢谢你

Wǒ yě xièxie nǐ 워 예 씨에씨에 니

별 말씀을요.

别客气

Bié kèqi 비에 커 치

미안합니다.

对不起

Duìbuqǐ 뚜이 부 치

양해 부탁드립니다.

请原谅我

Qǐng yuánliàng wǒ 칭 위엔 리앙 워

늦어서 죄송합니다.

对不起，我来晚了

Duìbuqǐ, wǒ lái wǎn le 뚜이 부 치 워 라이 완 러

방해해서 죄송합니다.

对不起，打扰你了

Duìbuqǐ, dǎrǎo nǐ le 뛔이 부 치, 다 라오 니 러

수고하셨어요.

太辛苦了

Tài xīnkǔ le 타이 씬쿠 러

여러 가지로 도와주셔서 감사합니다.

感谢您的帮助

Gǎnxiè nín de bāngzhù 간씨에 닌 더 빵주

잘 지냈어요?

过得怎么样？

Guò de zěnme yàng? 꾸오 더 전머 양

Basic Conversation
전화하기

저는 '송' 입니다.

我姓宋

Wǒ xìng sòng 워 씽 쏭

누구신가요?

你是哪位?

Nǐ shì nǎwèi? 닌 쓰 나 웨이

여보세요. 북경호텔입니까?

喂，是北京饭店吗?

Wéi, shì Běijīngfàndiàn ma? 웨이, 쓰 베이징 판띠엔 마

김진씨를 바꿔주세요.

请金锦先生听电话

Qǐng Jīnjǐn xiānsheng tīng diànhuà 칭 진 진 시엔셩 팅 띠엔화

접니다.

我就是

Wǒ jiù shì 워 찌우 쓰

경찰서를 좀 대 주세요.

请在公安局停车

qǐng zài gōng'ānjú tíngchē 칭 짜이 꽁 안 쥐 팅 처

MEMO

02

공항에서

At the Airport

01 출국수속(공항 카운터)
02 기내에서 자리찾기
03 필요한 것 말하기
04 기내식 먹기
05 아플 때 말하기
06 입국 신고서 작성하기
07 중간 기착지에서 기다리기
08 비행기 갈아타기
09 기내에서 자주 듣는 말
10 입국 심사대에서
11 짐 찾기
12 세관 통과하기
13 환전하기
14 여행자 안내소에서

출입국 수속

01 인천공항 도착

※ **출국 준비** - 출국 **2시간** 전까지 공항에 도착하여야 한다.

- **지하 1층**

  교통센터와 연결되는 5개의 연결통로가 있으며, 여객 편의시설을 전철 연결로비를 따라 배치하였다,

- **지상 1층 - 도착층**

  도착 여객을 위한 주요 공간인 수화물 수취지역, 세관검사지역, 환영홀 등이 있다,

- **지상 2층 - 도착중간층**

  도착 GATE가 연결된 층이다. 도착복도, 입국심사, 보안검색 등의 시설이 있다. 항공사 사무실 편의시설, 지원시설 등이 있다.

- **지상 3층 - 출발층**

  탑승수속을 위한 체크 인 카운터가 설치되어 있고 출발 보안검색, 여권심사, 출발 콘코스와 탑승라운지 등의 시설과 출발여객을 위한 각종 편의시설이 배치되어 있다.

- **지상 4층**

  통과 및 환승여객 등 장기체류 여객들을 위한 각종 위락시설과 미니 호델 CIP라운지, 공용라운지 등이 설치되어 있고. LANDSIDE

에는 각종 식당과 판매시설이 설치되어 출국 전 여객이나 환송객 일반 방문객에게 서비스를 제공하게 된다.

※ 출국 수속

① 항공사 카운터에서 탑승 수속

- 공항 2층, 자신이 이용할 항공사의 카운터에서 짐을 부치고 좌석 배정을 받아 탑승권 받기

② 환전하기

③ 출입국 신고서 작성하기

④ 출국 심사대에서 심사받기 - 여권, 탑승권, 출국신고서 제출하기

⑤ 세관신고하기

- 고가품은 신고필증(cutom stamp)을 교부 받도록 한다.

⑥ **보안검색** (금속탐지문 통과하기)

⑦ **면세점 쇼핑하기**
- 공항 면세점은 나갈 때만 이용할 수 있다.

⑧ **탑승 게이트로 가서 기다리기** - 최소한 30분 전까지는 탑승권에 적힌 게이트 대기실에 도착해 있어야 한다.

02 기내에서

- 기내에 입장하면 승무원들이 좌석 안내를 도와준다. 탑승권에 표시된 본인의 자리를 찾아 가벼운 짐은 머리 위 선반에 넣고 무거운 짐은 떨어질 경우 다칠 위험이 있으므로 좌석 아래에 두는 것이 안전하다.

- 착석하면 안전벨트를 매고 이륙 후 안전벨트 사인이 꺼지더라도 기체 동요가 있을 수 있으므로 매고 있는 것이 좋다.

- 기내식이 시작되면 뒷사람에게 방해가 되지 않도록 좌석을 바로 하고 식사 테이블을 핀다. 음료는 주스, 탄산음료, 맥주, 와인, 위스키 등 취향대로 주문할 수 있으며, 식사는 두 가지 중 하나만 선택할 수 있는데, 알코올은 가급적 많이 마시지 않는 것이 좋다. 기내에서는 평소보다 약 두·세배 빨리 취하기 때문이다.

- 목적지 입국 수속을 위해 승무원들이 나누어주는 목적지 출입국 카드(E/D카드)와 세관 신고서를 작성하게 된다.

※ 기내수칙

- 이/착륙시 안전벨트는 착용 해제 신호등이 들어올 때까지 착용한다.

- 비행기가 착륙하자마자 좌석에서 일어나 짐을 챙기는 것도 위험한 행동이다.

- 화장실을 사용할 때에는 노크를 하지 말고 표시등을 보고 이용하면 되는데 사용중 일 때는 빨간불(Occupied), 비어있을 때는 녹색불(Vacant)로 표시된다. 화장실 안에서 흡연하면 화재 경보 센서가 작동되어 승무원에게 법률에 의한 제재를 당하니 주의해야 한다.

※ 기내 서비스 이용하기

승무원에게 서비스 요청을 하는 것은 승객의 당연한 권리이므로 주저할 필요는 없다. 기내에서는 식사, 차, 음료, 맥주, 와인 등이 무료로 제공되나 일부 항공사의 경우 주류를 유료로 제공하기도 하니 확인이 필요하다. 퍼스트(First), 비즈니스 클래스는(BuSiness class)무료이다.

- 승무원을 부를 때는 좌석 옆이나 머리 위의 콜 버튼(Call Button)을 누른다.

- 승무원들의 기내 서비스는 비행기 이륙 후 수평고도를 잡은 후 시작된다.

- 장거리 탑승시 음료부터 시작하여 기내식 순으로 서비스 된다.

- 기내식은 특정 음식을 먹지 않는 승객에게는 다른 음식으로 대체 하여 제공된다.

- 만일 종교나 건강상 채식, 생선류 등 특별 기내식 서비스를 받으려면 항공권 예약시나 탑승 72시간 전에 신청한다.

- 소화불량이나 미열이 있을 때는 간단한 구급약을 요청한다.

03 경유지 공항에서

※ 중간 기착지에서의 수화물 처리

경유지로 짐을 탁송했을 경우에는 도착표시(Arrival)를 따라간다. 화물 수취소 안내판(Baggage Claim)을 만난다. 최종 목적지로 탁송한 짐과 보딩 패스에 적힌 출구번호(Gate No)를 확인한다.

※ 중간 기착지

장거리 노선의 경우 비행기의 급유와 승무원 교대, 기체점검 등으로 약 1시간 가량 중간 기착지에 머무른다 모든 승객은 기내에서 공항 보세구역으로 안내된다. (쇼핑이나 휴식을 취할 수 있음) 기내에서 나올 때 서류 가방이나 귀중품(카메라, 여권 등)은 가지고 내린다. 공항에 따라 기내에서 내릴 때 중간기착승객 표시카드(재탑승시 필요)를 나눠준다. 시간에 맞춰(안내방송 나옴) 처음에 내렸던 게이트에 와서 기다리면 직원이 탑승 안내를 해준다.

※ 중간 기착지에서의 환승 절차

경유지(Transit) 공항은 목적지까지 한 번에 가는 항공편이 없어 중간에 갈아타는 공항을 말한다. 보통 2시간에서 하루 이상 연결 항공편을 기다리는 경우가 않다. 지나치게 촉박한 연결 항공편을 택하면 자칫 경유지에서 타야 할 항공기를 놓치는 경우가 일어날 수도 있으니 주의해야 한다. 중동, 아프리카, 동유럽행의 경우 몇시간 이상을 대기해야 하므로 적당한 휴식이나 쇼핑을 하며 시간을 보내는 것이 좋다.

04 도착지 공항에서

※ 입국 수속 절차

서류작성 기재요령

- Name : 이름
- Surname 혹은 Family Name : 성
- Date of Birth : 생년월일
- Flight No : 탑승 항공기 편명
  (예: KE707 = 대한항공 707편)
- Signature : 자필서명
- Occupation : 직업
- Purpose of Visit : 입국 사유
  (예: Travel – 여행 / Business – 사업)
- Intended Days of Stay : 체류 예정 일수 기재
- Male/Female(혹은 Sex 라고 표기함) : 남/녀로 구분 표기
- Place of Stay : 체류장소 기재

※ 입국 수속

도착하면 'Arrival', 'Immigralion' 표시를 따라 이동한다. 아니면 사람들이 가는 방향으로 같이 따라가면 입국 심사대가 나온다. 어느 외국 공항에서나 입국 심사대는 내국인용과 외국인용이 있기 마련인데 외국인 전용 줄에 서 있으면 된다. 자기 차례가 되면 기내에서 미리 기입해 둔 ED카드를 여권에 끼워서 심사관에게 제출하면 되는데 어떤 나라에서는 돌아 갈 비행기표 제시를 요구하기도 한다.

때에 따라서는 방문 목적이나 체류하는 동안 숙소가 어디냐, 체류기간은 어느 정도냐 등의 간단한 인터뷰를 하기도 하므로 당황하지 말고 대답하면 된다. (★ 64쪽 참고)

심사가 끝나면 짐을 찾으러 간다. 본인이 타고 온 항공기 번호가 표시된 컨베이어에서 자기 짐을 찾아 세관검사를 받으면 되는데 별 이상이 없으면 쉽게 통과할 수 있다.

탁송화물을 투숙 호텔까지 전부 들고 갈 필요가 없을 때는 공항내 수화물 보관소(Baggage Deposit)에 보관해 두면 편하다.

※ 세관 통과하기

세관에 신고해야 하는 품목은 새로 구입한 물건과 선물 등이며 음식물, 농작물, 동물성 품목은 반드시 신고하도록 되어 있다.

구입한 물건과 선물은 $400까지 세금을 안내지만 그 이상일 경우 일정액의 세금을 내야 한다. 현금은 1만 달러 이상을 소지할 경우 갖고 있는 총액을 정확히 신고해야 한다. 만일 신고를 하지 않거나 신고액

이 실제와 다를 경우 과태료나 벌금 등 제재를 당할 수도 있다. 그 밖에 여행자들이 소지하고 있는 시계와 카메라, 귀금속 등은 출발지역의 세관에 미리 신고해서 여권에 기재 해 두는 것이 편리하다.

※ 면세로 반입할 수 있는 물건

(1)개인 휴대품이나 직업장비

세관원이 내용이나 양에 있어 합당하다고 판정하면 면세로 반입할 수 있다.

(2)신변용품

여행자 본인의 사용 또는 특별한 목적을 위해 필요한 휴대품 및 기재는 상식적인 범위를 초과하지 않은 것.

비행기에 관련된 단어

에스컬레이터	自动扶梯	zìdòngfútī 쯔동푸티
엘리베이터	电梯	diàntī 띠엔티
식당	餐厅	cāntīng 찬팅
상점	商店	shāngdiàn 샹띠엔
화장실	洗手间	xǐshǒujiān 씨쇼우찌엔
출국장	出发大厅	chūfādàtīng 추파따팅
국제선 도착지	国际到达	guójìdàodá 구오찌따오다
국제선 갈아타기	国际中转	guójìzhōngzhuǎn 구오지쭝쭈안
여권	护照	hùzhào 후자오
비행기	飞机	fēijī 페이찌
가방(트렁크)	旅行箱	lǚxíngxiāng 뤼씽씨앙
면세점	免税店	miǎnshuìdiàn 미엔쒜이띠엔
환전	换钱	huànqián 환치엔

(CA) 중국국제공항	中国国际航空	Zhōngguó guójì hángkōng 중구어 구어지 항콩
(CJ) 북방항공	北方航空	Běifāng hángkōng 베이팡 항콩
(CJ) 남방항공	南方航空	Nánfāng hángkōng 난팡 항콩
(MU) 동방항공	东方航空	Dōngfāng hángkōng 똥팡 항콩
(SZ) 서남항공	西南航空	Xīnán hángkōng 시난 항콩

MEMO

At the Airport
출국수속(공항 카운터)

공항

대한항공 탑승 수속대는 어디에 있습니까?

请找我的座位

Qǐng zhǎo wǒ de zuòwèi 칭 자오 워더 쭈오웨이

비행기표를 보여주세요.

请出示飞机票

Qǐng chū shì fēi jī piào 칭 추쓰 페이찌 피아오

여기 있습니다.

在这儿

Zài zhèr 짜이 쩔

통로 측과 창가 측, 어느 쪽이 좋으십니까?

您的座位在渠道

Nín de zuòwèi zài qúdàol 닌 더 쭈오웨이 짜이 취따오

창가 좌석이 좋습니다.

我觉得您坐我的座位了

Wǒ juéde nín zuò wǒ de zuòwèi le 워 쥬에더 닌 쭈오 워 더 쭈오웨이 러

짐이 있습니까?

请让我过去

Qǐng ràng wǒ guòqù 칭 랑 워 꾸오 취

At the Airport
기내에서 자리찾기

자리를 찾아주세요.

请找我的座位

Qǐng zhǎo wǒ de zuòwèi 칭 쟈오 워더 쭈오웨이

항공권을 보여 주세요.

请出示飞机票

Qǐng chū shì fēi jī piào 칭 추쓰 페이찌 피아오

여기 있습니다.

在这儿

Zài zhèr 짜이 쩔

손님 좌석은 통로에 있습니다.

您的座位在渠道

Nín de zuòwèi zài qúdàol 닌 더 쭈오웨이 짜이 취따오

제 자리에 앉으신 것 같은데요.

我觉得您坐我的座位了

Wǒ juéde nín zuò wǒ de zuòwèi le 워 쥬에더 닌 쭈오 워 더 쭈오웨이 러

좀 지나가겠습니다.

请让我过去

Qǐng ràng wǒ guòqù 칭 랑 워 꾸오 취

At the Airport
필요한 것 말하기

한국말 하는 스튜어디스가 있어요?

有会说韩国语的乘务员吗?

Yǒu huì shuō Hánguóyǔ de chéngwùyuán ma?
요 후이 수오 한구어위 더 청우위엔 마?

도착하려면 몇 시간 남았습니까?

还有几个小时才能到达?

Hái yǒu jǐ ge xiǎoshí cái néng dào dá? 하이 요 지거 씨아오쓰 차이 넝 따오다

한국어 신문이 있습니까?

有韩国语报纸吗?

Yǒu Hánguóyǔ bàozhǐ ma? 요 한구어위 빠오즈 마

커피 좀 주세요.

请给我咖啡

Qǐng gěi wǒ kāfēi 칭 게이 워 카페이

마실 것 좀 주시겠어요.

请给我饮料?

Qǐng gěi wǒ yǐnliào 칭 게이 워 인리아오?

얼음을 주세요.

请给我冰块

Qǐng gěi wǒ bīngkuài 칭 게이 워 삥콰이

이 안전벨트를 어떻게 맵니까?

怎样系安全带?

Zěn yàng jì ānquándài? 전 양 찌 안취엔따이

이 의자를 어떻게 조정합니까?

怎么调节座椅?

Zěnme tiáojié zuòyǐ? 전머 티아오지에 쭈오이

안대 좀 주세요.

请给我眼罩

Qǐng gěi wǒ yǎnzhào 칭 게이 워 옌짜오

영화 상영이 있습니까?

放映电影吗?

Fàngyìng diànyǐng ma? 팡잉 띠엔잉 마?

쿠션과 담요를 하나씩 더 가져다 주시겠습니까?

请再给我一个靠垫和一个毯子

Qǐng zài gěi wǒ yí ge kàodiàn hé yí ge tǎnzi
칭 짜이 게이 워 이 거 카오띠엔 허 이 거 탄즈

이것은 무료입니까?

这是免费吗?

Zhè shì miǎnfèi ma? 쩌 쓰 미엔페이 마

실례합니다. 화장실은 어디인가요?

请问，卫生间在哪里?

Qǐng wèn,wèishēngjiān zài nǎli? 칭원, 웨이셩찌엔 짜이 나리

At the Airport
기내식 먹기

식사는 언제 나옵니까?

什么时候开饭?

Shénme shíhou kāifàn 션머 쓰호우 카이판

밥 먹을 때 깨워주세요.

开饭的时候请叫醒我

Kāifàn de shíhou qǐng jiàoxǐng wǒ 카이 판 더 쓰호우 칭 지아오 씽 워

무엇으로 드시겠습니까?

您要吃什么菜?

Nín yào chī shénme cài? 닌 야오 츠 션머 차이

소고기로 주세요.

请给我牛肉

Qǐng gěi wǒ niúròu 칭 게이 워 니우로우

한 잔 더 마실 수 있습니까?

可以再来一杯吗?

Kěyǐ zàilái yì bēi ma? 커이 짜이라이 이 뻬이 마

한 그릇 더 주시겠어요?

可以再来一碗吗?

Kěyǐ zàilái yì wǎn ma? 커이 짜이라이 이 완 마

At the Airport
아플 때 말하기

몸이 안 좋은데요.

身体不舒服

Shēntǐ bùshūfu 션티 뿌 수푸

머리가 아픕니다.

头疼

Tóuténg 토오우 텅

멀미가 나는군요.

我晕了

Wǒ yūn le 워 윈 러

배가 아파요.

肚子疼

Dù zǐ téng 뚜즈 텅

춥습니다.

很冷

Hěn lěng 헌 렁

의자 좀 눕혀도 될까요?

椅子放躺好吗?

Yǐ zǐ fàng tǎng hǎo ma? 이즈 팡 탕 하오 마

속이 불편합니다.

胃口不舒服

Wèikǒu bùshūfu 웨이 코우 뿌 수푸

가능하면 눕고 싶습니다.

可以的话 我想躺一下

Kěyǐ de huà, wǒ xiǎng tǎng yí xià 커이 더 화 워 씨앙 탕 이씨아

두통약 있나요?

有没有头疼药?

Yǒu méi yǒu tóu téng yào 요메이요 토텅 야오

위생봉투가 있나요?

有没有塑料袋?

Yǒu méi yǒu sùliàodài? 요메이요 수리아오 따이

차가운 물 한 잔주세요.

请给我一杯冰水

Qǐng gěi wǒ yì bēi bīng shuǐ 칭 게이 워 이뻬이 삥쉐이

At the Airport

입국 신고서 작성하기

이 신고서를 기입하는데 좀 도와주시겠습니까?

请帮我填写申报单，好吗?

Qǐng bāng wǒ tiánxiě shēnbàodān, hǎo ma?
칭 방 워 티엔 시에 션빠오딴, 하오마

이 서식을 어떻게 기재하면 되나요?

该怎么填写?

Gāi zěnme tiánxiě? 까이 전머 티엔 시에

종이와 펜을 빌려주세요.

请借给我纸和笔

Qǐng jiè gěi wǒ zhǐ hé bǐ 칭 찌에 게이 워 즈 허 비

여기에 어떻게 작성해야되나요.

在这儿，该怎么写?

Zài zhèr,gāi zěnme xiě? 짜이 쩔, 까이 전머 시에

한 장 더 주세요.

请再给我一张

Qǐng zài gěi wǒ yì zhāng 칭 짜이 게이 워 이장

입국 카드를 한 장 더 주세요.

请再给我一张入境登记卡

Qǐng zài gěi wǒ yì zhāng rùjìng dēngjìkǎ 칭 짜이 게이 워 이 장 루징떵찌카

At the Airport
중간 기착지에서 기다리기

이 공항에서 얼마나 머물게 되나요?

要在机场等多久?

Yào zài jīchǎng děng duō jiǔ? 야오 짜이 찌창 덩 뚜어지우

통과 여객이십니까?

是过境旅客吗?

Shì guòjìng lǚkè ma? 쓰 꾸어찡 뤼커 마

예, 그렇습니다.

是的

Shì de 쓰 더

어느 정도 머물 예정입니까?

打算停留多久?

Dǎsuàn tíngliú duō jiǔ? 다 쑤안 팅리우 뚜어지우

비행기는 예정대로 출발하나요?

飞机按预定时间出发吗?

fēijī àn yùdìng shíjiān chūfā ma? 안 위딩 쓰지엔 페이찌 추파 마

이 통과 카드를 갖고 계십시오.

请拿好通行卡

Qǐng ná hǎo tōngxíngkǎ 칭 나 하오 통싱 카

At the Airport
비행기 갈아타기

비행기를 갈아타야 합니다.

要转飞机

Yào zhuǎn fēijī 야오 주안 페이찌

비행기는 어디서 갈아타죠?

在哪儿转飞机?

Zài nǎr zhuǎn fēijī? 짜이 날 주안 페이찌

어느 비행기로 갈아타십니까?

要换乘哪班飞机?

Yào huànchéng nǎ bān fēijī? 야오 환청 나 빤 페이찌

대한항공 205편입니다.

大韩航空 205班机

Dàhán hángkōng liǎng bǎi líng wǔ(èr líng wǔ) bānjī 따한항콩 얼링우 빤 찌

맡긴 짐은 어떻게 됩니까?

托运的行李怎么办?

Tuōyùn de xíngli zěnme bàn? 투오윈 더 씽리 전머빤

이 길로 가면 대합실이 나옵니까?

候机室在这条路上吗?

Hòujīshì zài zhè tiáo lù shang ma? 호우찌쓰 짜이 쩌 티아오 루 샹 마

At the Airport

기내에서 자주 듣는 말

잠시 후에 이륙합니다.

飞机就要起飞了

Fēijī jiù yào qǐfēi le 페이찌 저우 야오 치 페이 러

선반 좀 올려주십시오.

请收好隔板

Qǐng shōu hǎo gébǎn 칭 쇼하오 거반

안전벨트를 착용해 주십시오.

请系好安全带

Qǐng jì hǎo ānquándài 칭 찌 하오 안취엔따이

비상 탈출구는 기체의 양 옆쪽에 있습니다.

安全出口在机身的两侧

ānquán chūkǒu zài jīshēn de liǎngcè 안추엔 추코우 짜이 찌션 더 량 처

저희 비행기는 약 10분 후에 착륙하겠습니다.

本次班机将在10分钟后到达

Běn cì bānjī jiāng zài shí fēn zhōng hòu dào dá
번 츠 빤 지 찌앙 자이 쓰 펀 쭝 호우 따오다

저희 항공사를 이용하여 주셔서 감사합니다.

感谢您乘坐本次航空

Gǎnxiè nín chéngzuò běn cì hángkōng 간씨에 닌 청쭈오 번츠 항콩

10 At the Airport
입국 심사대에서

어디에서 오셨습니까?

从哪里来的?

Cóng nǎli lái de? 총 나리 라이 더

한국 서울에서 왔습니다.

从韩国首尔来的

Cóng Hánguó Shǒuěr lái de 총 한구어 쇼얼 라이 더

방문 목적은 무엇입니까?

访问目的是什么?

Fǎngwèn mùdì shì shénme? 팡원 무디 쓰 션머

나는 여기에 관광(여행, 유학, 출장, 친척방문)왔습니다.

我是来观光(旅行/学习/出差/探亲)的

Wǒ shì lái guānguāng(lǚxíng/xuéxí/chūchāi/tànqīn) de
워 쓰 라이 꽌 꽝(뤼 싱/ 쉬에시/ 추 차이/ 탄 친) 더

중국에서 며칠간 머무를 겁니까?

要在中国停留多久?

Yào zài Zhōngguó tíngliú duō jiǔ? 야오 짜이 쭝구어 팅류 뚜어지우

약 5일 간입니다.

大概 5 天

Dàgài wǔ tiān 따까이 우 티엔

어디에서 머무를 예정입니까?

打算住在哪儿?

Dǎsuàn zhù zài nǎr? 다쑤안 쭈 짜이 날

북경호텔입니다.

在北京饭店

Zài Běijīng fàndiàn 짜이 베이징 판띠엔

직업이 무엇입니까?

你做什么工作? / 职业是什么?

Nǐ zuò shénme gōngzuò?/ zhíyè shì shénme?
니 쭈어 션머 꽁주오 / 즈예 쓰 션머

사업을 합니다.

经营私人企业

Jīngyíng sīrén qǐyè 찡잉 스런 치예

돌아갈 항공권을 가지고 계시나요?

有回去的飞机票吗?

Yǒu huíqù de fēijīpiào ma? 요 후이취 더 페이찌 피아오 마

여권을 보여주세요.

请出示护照

Qǐng chūshì hùzhào 칭 추쓰 후짜오

At the Airport
짐 찾기

수하물은 어디서 찾나요?

在哪里找行李?

Zài nǎli zhǎo xíngli? 짜이 나리 쟈오 씽리

제 가방이 보이지 않습니다.

我不能找到行李

Wǒ bù néng zhǎo dào xíng li 워 뿌 넝 자오따오 씽리

무슨 항공으로 오셨습니까?

乘坐哪个班机来的?

Chéngzuò nǎ ge bānjī lái de? 청쭈오 나거 빤찌 라이 더

대한항공 472편으로 왔습니다.

乘坐大韩航空 472 班机来的

Chéngzuò Dàhán hángkōng sìbǎi qīshí èr(sì qī èr) bān jī lái de
청쭈오 따한항콩 쓰치얼 빤찌 라이 더

수하물표를 가지고 계십니까?

有行李标吗?

Yǒu xíngli biāo ma? 요 씽리 삐아오 마

예, 여기 있습니다.

有, 在这里

Yǒu,zài zhèli 요, 짜이 쩌리

At the Airport
세관 통과하기

세관 신고서를 보여주세요.

请出示海关申报单

Qǐng chūshì hǎiguān shēnbàodān 칭 추쓰 하이꽌 션빠오딴

예, 여기 있습니다.

在这里

Zài zhèli 짜이 쩌리

신고할 물건이 있습니까?

有没有要申报的物品?

Yǒu meiyǒu yào shēnbào de wùpǐn? 요 메이요 야오 션빠오 더 우핀

아니오, 없습니다.

没有

Méi yǒu 메이요

가방을 열어 보십시오.

请打开行李

Qǐng dǎkāi xíngli 칭 다카이 싱리

이것들은 무엇입니까?

这些是什么?

Zhè xiē shì shénme? 쩌 씨에 쓰 션머

이것은 친구들에게 줄 선물입니다.

这是送给朋友的礼物

Zhè shì sòng gěi péngyou de lǐwù 쩌 쓰 쏭 게이 펑요우 더 리우

이것도 세금을 내야 합니까?

这也要交税吗?

Zhè yě yào jiāo shuì ma? 저 예 야오 찌아오 쉐이 마

다른 짐은 없습니까?

有其他行李吗?

Yǒu qítā xíngli ma? 요 치타 싱리 마

이 카메라는 내가 쓰는 겁니다.

这个相机是我用的

Zhè ge xiàngjī shì wǒ yòng de 쩌거 씨앙찌 쓰 워 용 더

한국에서 10,000원 정도 주고 산 겁니다.

在韩国花 10000元买的

Zài Hánguó huā yí wàn yuán mǎi de 짜이 한구어 화 이 완 위엔 마이 더

됐습니다 이제 가셔도 됩니다.

好了, 可以走了

Hǎo le, kěyǐ zǒu le 하오 러 커이 조우 러

At the Airport
환전하기

어디서 환전할 수 있나요?

在哪儿可以换钱?

Zài nǎr kěyǐ huàn qián? 짜이 날 커이 환 치앤

이 수표를 현금으로 바꾸고 싶습니다.

要把支票换成现金

Yào bǎ zhīpiào huàn chéng xiànjīn 야오 바 쯔피아오 환청 씨엔찐

어떻게 바꿔 드릴까요?

要怎么换钱?

Yào zěnme huàn qián? 야오 전머 환 치앤

여권을 보여주세요.

请出示护照

Qqǐng chūshì hùzhào 칭 추쓰 후짜오

여기 있습니다.

在这里

Zài zhèli 짜이 쩌 리

잔돈도 섞어주세요.

请给我一点零钱

Qǐng gěi wǒ yì diǎn língqián 칭 게이 워 이디엔 링치앤

여기에 서명 좀 해주세요.

请在这里签名

Qǐng zài zhèli qiān míng 칭 짜이 쩌리 치엔밍

계산이 다른 것 같습니다.

好像计算不一样

Hǎoxiàng jìsuàn bù yíyàng 하오씨앙 찌쑤안 부이양

은행은 어디에 있나요?

银行在哪里？

Yínháng zài nǎli? 인항 짜이 나리

여행자 수표도 환전되나요?

旅行支票也可以换钱吗?

Lǚxíng zhīpiào yě kěyǐ huàn qián ma? 뤼씽 즈피아오 예 커이 환치엔 마

달러를 인민폐로 바꾸고 싶어요.

我要把美元换成人民币

Wǒ yào bǎ Měiyuán huàn chéng Rénmínbì
워 야오 바 메이위엔 환청 런민삐

오늘 환율이 얼마인가요?

今天的汇率多少？

Jīntiān de huìlǜ duōshao? 찐티엔 더 후이뤼 뚜어샤오

수수료는 얼마인가요?

收多少费？

Shōu duōshao fèi? 쇼우 뚜어샤오 페이

At the Airport
여행자 안내소에서

이 도시의 지도 한 장 주시겠습니까?

请给我一张本市地图

Qǐng gěi wǒ yì zhāng běnshì dìtú 칭 게이 워 이장 번쓰 띠투

이 도시에 관한 안내서를 주세요.

请给我一本本市指南书

Qǐng gěi wǒ yì běn běnshì zhǐnánshū 칭 게이 워 이 번 번쓰 즈난수

북경호텔에 가려면 뭘 타고 가나요?

要去北京饭店怎么走?

Yào qù Běijīng fàndiàn zěnme zǒu? 야오 취 베이징판띠엔 전머 조우

공항버스가 한 시간 간격으로 운행됩니다.

机场巴士每一个小时一班

Jīchǎng bāshì měi yí ge xiǎoshí yì bān 찌창 빠스 메이거 씨아오쓰 이 빤

다음 차는 언제 있죠?

下班车什么时候来?

Xià bān chē shénme shíhou lái? 씨아 빤 처 션머쓰호우 라이

10분 후에 출발합니다.

10分钟后出发

Shí fēn zhōng hòu chūfā 쓰 펀 종 호우 추파

MEMO

03

호텔에서

In the Hotel

중국의 숙박시설

01 중국의 숙박시설

중국의 숙박 시설은 반점(飯店:판덴), 주점(酒店:지우덴), 빈관(賓館:빈관), 대하(大廈:다샤) 등의 명칭이 붙은 호텔을 비롯하여 여관이나 여인숙 수준의 여사(旅社), 여관(旅館:뤼관), 초대소(招待所:자오 다이수어) 등이 있다. 이중에서 외국인 여행자들이 머물 수 있는 곳은 주점, 빈관, 대하 등의 명칭이 붙은 호텔이다. 그리고 여사나 여관, 초대소 등에서는 외국인 여행자들의 숙박이 불가능하다. 그러나 지방에 따라서 외국인 숙박시설이 없는 경우에는 숙박이 가능하다.

※ 중국의 호텔

중국의 호텔은 대부분 외국인 관광객을 대상으로 하고 있다. 호텔의 등급은 별(★)로 표시되어 1성급에서 5성급까지 있다.
1성급과 2성급의 호텔에는 여러 명이 한꺼번에 묵을 수 있는 도미토리(Dormitory: 한 방에 침대를 여러 개 놓아 1인 1침대에서 묵는 다인실)가 있으며, 3성급부터는 단체여행객들이 주로 묵는다.

※ 도미토리 이용

유스호스텔 시설이 없는 중국에서는 최근 들어 배낭여행자들이 늘어나자 호텔 등에 여러 명이 숙박할 수 있는 다인방(多人房) 즉, 도미토리를 마련하고 있는 추세이다. 비교적 낮은 등급의 호텔 말고도, 초대형의 최고급 호텔을 제외하고는 도미토리를 갖추고 있는 호텔들이 많다. 그러나 호텔 카운터에서 물어보면 대개는 없다고 하는 경우가 많다. 이것은 자리가 없어서라기 보다는 외국인에게는 기본적으로 비싼 것을 권하기 때문이라는 것을 기억해 둔다. 대개 도미토리는 주요 호텔 건물과는 분리된 곳에 있거나 건물 지하에 있다. 카운터도 프런트와는 별도로 있는 곳이 많아서 직접 도미토리 카운터를 찾아가서 신청하는 것이 좋은 방법이다. 도미토리에 일단 묵을 수 있게 되면 주의할 점이 많다. 우선 이곳은 여러 사람이 같이 묵는 곳이므로, 자신의 짐 관리를 확실히 해야 한다는 것, 여권이나 지갑, 귀중품은 자신의 몸에 보관하는 것이 좋다.

※ 여관, 여사 및 초대소

원래는 직장 등의 단체에서 손님을 맞이하기 위한 곳이었으나 현재는 중국인이면 대개 묵을 수 있다. 이런 초대소에는 원칙적으로 외국인 여행자들은 묵을 수 없는데, 시설은 좋지 않고 샤워 시설도 없다. 그러나 요금이 싸기 때문에 어떻게 해서든지 이곳에 묵을 수만 있다면 여행경비는 많이 절약된다. 때로는 눈치껏 외국인도 묵는다지만 융통성이 없는 중국인을 설득하기란 여간 어려운 일이 아니다. 중국인들의 외화획득정책 때문에 외국인이 싼 가격의 것을 이용하기란 어렵다.
중국을 여행하는 데에 돈이 다른 나라보다 비용이 적게 든다는 잘못된 상식은 중국에서 직접 확인할 수 있다.

중국의 숙박시설

※ 숙박비

중국의 숙박비는 계절이나 비수기, 성수기, 또는 도시의 규모, 중심지와 그렇지 못한 곳 등등 여러 이유로 인해서 가격이 매우 달라진다. 같은 호텔의 경우라도 그때그때 맞추어 숙박비는 유동적으로 조정된다. 요금이 적혀져 있다고 하더라도 그 가격을 그대로 적용하는 숙소는 거의 없을 정도라서 숙박비를 계산할 때는 융통성이 필요하다.

융통성을 발휘해서 최대한 깎아보는 것이 여행경비를 많이 줄일 수 있는 방법이기도 하다. 참고로 하면 대부분 50%의 가격에서부터 흥정을 하는 것이 가능할 수도 있고, 아니더라도 출발선은 50%에서부터 시작해 본다. 예외의 경우는 배낭족이 많이 몰리는 도미토리의 가격은 대부분 흥정이 불가능하므로 제시는 해보되 강하게 나가지 않는 것이 좋다.

※ 숙박비 보증금

호텔에서 묵을 시에 필요한 것은 외국인 여권(장기 유학생일 경우 거류증만 있어도 되지만 여권도 필요한 경우가 있다)이다. 여권을 제시하고 숙박계를 작성하면 된다. 유학생일 경우 학생증을 같이 소지할 경우 여행 시에 도움이 되기도 한다. 예를 들어 외국인 투숙을 꺼리는 숙박업소에서 학생증을 보이면 의외의 효과를 볼 수 있기 때문이다. 숙박을 하게될 경우 숙박 보증금이란 것을 내야 하는데 이는 숙박하는 동안 숙박시설에 훼손이 있을 경우를 대비하여 숙박업소에서 받아두는 보증금이다.

대금을 선불로 받는 숙박업소는 대부분 숙박보증금이 없거나 아니면 소액인 경우가 많으나, 대금을 후불로 받을 경우는 객실료에 상당하는 금액 정도의 숙박 보증금은 내야 한다. 이때 주의하여야 할 점은 보증금을 냈다는 영수증을 주는 데 이것을 잘 보관하여야 한다. 분실을 했을 때는 보증금을 찾는데 까다로운 절차를 밟아야 하기 때문에 유의하여야 한다.

※ 숙소 찾는 법

부득이한 경우로 숙소에 차질이 생긴 경우 숙소를 찾는 문제로 당황하게 된다. 우선 이럴 때 중요한 것은 역 주변을 먼저 살펴보는 것이 좋다. 이유는 역 주변은 우선 사람들이 항상 많이 있어서 안전하기도 하고 사람들의 잦은 왕래로 저렴한 숙소가 매우 많이 있기 때문이다.

국영 초대소를 중심으로 외국인 투숙이 가능한 곳이 있는가 알아보고, 시설이 양호한 사영 초대소나 여관, 저급 호텔 들을 차례로 알아보도록 한다. 국영 초대소는 대부분 외국인 투숙객은 받지 않으나 간혹 홍정이 가능한 곳도 있다. 여관이나 비섭외호텔 등도 사영일 경우 외국인에게 관대하다. 역 주변에는 투숙에 관한 호객행위를 하는 사람들이 많은데 이들이 말하는 숙소의 거리가 10분 정도 떨어져 있다고 하더라도 숙박환경과 가격은 만족할 만할 수도 있다. 너무 뿌리치기보다는 요모조모 따져보는 것도 좋은 숙소를 찾는 하나의 요령이다. 물론 그들에 대해 너무 방심해서도 안 되겠지만, 그렇다고 너무 경계할 필요도 없다.

호텔에서

01 호텔에 도착하여

※ 예약

호텔 예약과 확인은 필수사항. 반드시 확인 전화를 한다. 예약시 도착일, 숙박일 수, 객실의 종류를 명시한다. 예약 확인서는 본인이 필히 지참, 체크 인 할 때 제시한다. 확인 예약에도 불구하고 방이 없을 경우 호텔 측이 같은 급의 호텔을 마련해 주는 것이 관례이다.

※ 모닝콜

전날 미리 신청해 두면 원하는 시간에 잠을 깨워 주는 모닝콜 서비스는 호텔에 따라서 신문이나 커피, 티 등을 모닝콜과 함께 서비스하는 경우도 있으므로 미리 확인해두면 편리하게 이용할 수 있다.

패키지를 이용하는 고객은 헬스클럽 무료 이용이나 사우나 할인 등이 제공되므로 잘 챙겨서 이용해 보도록 하자.

※ 체크인

체크 인 할 때는 본인의 이름을 정확히 기재한다.

등록카드(Registration card)에는 국적, 생년월일, 여권번호, 체크아웃 일자 등을 적는다. 할증료나 할인료 등이 적용되는지 체크인 전에 확인한다. 전시회나 국제행사 기간 증에는 20~30%이상 추가해서 요금을 받는 경우가 대부분이다.

호텔

※ 객실의 종류

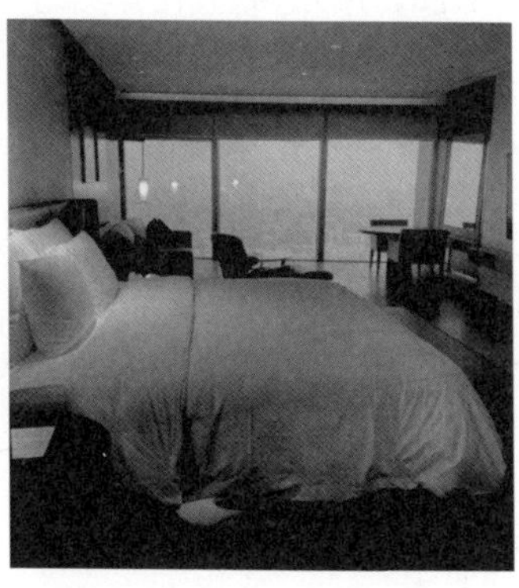

객실의 종류는 침대(Bed)의 수와 부대시설의 크기에 따라 구분된다. 여행의 목적과 동반자의 인원에 따라 객실을 정한다. 비즈니스 여행의 경우 일행이 많고 업무 회의를 가져야 할 경우 주니어 스위트를 사용하는 것이 경제적이고 효과적이다. 가족여행의 경우 추가로 침대를 요청하면 보조침대를 마련해주므로 너무 큰 객실을 정할 필요는 없다.

TIP

- **1인실** : single room (1인용 침대가 있는 방)
- **2인실** : double room (2 인용 침대가 있는 방)
  twin room (1인용 침대가 두 개가 있는 방)
- **4인실** : suit room (침실과 거실, 주방이 있음)

호텔에서

※ 객실에서

■ 메이크업(makeup)카드

메이크업(makeup)카드는 저녁 때 투숙객이 외출한 시간을 이용해서 객실을 정리해 주는 서비스의 이용 여부를 알리는 카드로서, 서비스를 원할 때는 메이크업(makeup) 카드를, 원하지 않을 때는 DD(do nol dislurb) 카드나 프라이버시(privacy) 카드를 문고리에 걸어두면 된다.

■ 미니 바

미니 바의 품목들은 사용시 사용료를 지불하는 유료이다. 미니바에는 각종 주류와 스낵류 일회용 칫솔, 치약도 놓여있다.
미니 바에 놓여 있는 계산서에는 직접 체크를 해도 되고, 그냥 두면 호텔측에서 정기적으로 체크한다.
냉장고 속의 품목들도 역시 유료이다. 음료, 주류, 미네랄 워터등이 갖춰져 있는데, 물 역시 유료이다.

■ 룸 서비스(Room Service)

뜨거운 물을 원할 경우에는 룸 서비스(Room Service)에 주문하면 언제나 무료로 제공해주므로 마음껏 마실 수 있다. 객실 내에서 식사를 하고 싶을 때에는 룸 서비스를 이용하면 된다.
만약 이른 아침에 식사를 주문하고 싶을 때 아침에 번거로운 주문과정을 거치고 싶지 않다면 행어 메뉴를 이용하면 된다.

전날 저녁 미리 주문할 음식을 행어 메뉴에 체크해서 문 밖에 걸어 두면 되는 편리한 서비스이다.

전화 사용료는 체크 아웃시 계산되며, 전화는 대개 9번을 누르고 사용하면 된다.

■ TV시청

일반적으로 TV시청은 무료지만 영화 채널 같은 경우는 대개 유료이다. 선택형 비디오처럼 원하는 영화를 고른 다음 볼 수 있는데 30초에서 1분 정도는 무료이므로 이 시간 동안 볼지 안 볼지 마음을 결정하면 된다. TV 근처에 TV시청 안내 책자가 구비되어 있으므로 자세한 사항은 미리 확인해 두면 편리하다.

■ 열쇠(Key)

객실을 나설 때는 꼭 열쇠를 갖고 나가야 한다. 문은 자동으로 잠기기 때문에 잠깐 밖에 나왔다가 열쇠가 없어 들어가지 못하고 낭패를 보는 수도 있다. 카드식 열쇠는 특정 위치에 꽂아야만 객실의 전원이 들어오도록 되어 있기도 하므로 꽂는 자리가 어디인지 확인해야 한다.

※ 욕실에서

외국의 욕실에서는 우리나라에서 하듯이 물을 튀기며 샤워를 하면 안 된다. 욕조 바깥으로는 욕실 바닥 전체에 카펫을 깔아 놓고 배수구가 없기 때문에 주의하여야 한다. 샤워를 할 때 샤워 커튼을 욕조 안으로 집어 넣어 사용한다. 보통 더운물은 H. 찬물은 C로 표기한다. 욕실에 비치된 타월은 제일 작은 것은 비누칠 할 때 사용하고, 목욕 후 물기를 닦을때는 제일 큰 것을 사용한다. 퇴실할 때는 사용한 타월들을 모두 욕조안에 던져 넣어 주는 것이 에티켓이다. 비누, 샤워캡, 샴푸 등은 호텔에서 서비스로 제공하는 품목들이다. 대부분의 호텔에 붙박이 헤어드라이어가 욕실에 비치되어 있으며, 무료로 사용할 수 있다.

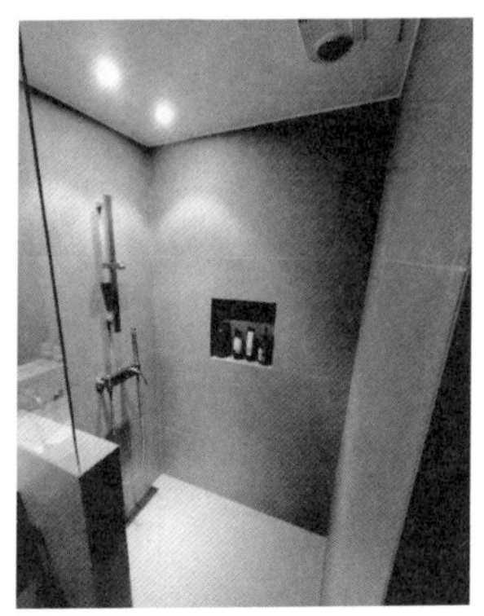

※ 세탁

객실 내에 비치된 세탁을 백(laundry bag)에 드라이 클리닝 할 옷과 일반 세탁물을 나누어 담아 두고 체크 용지에 체크한 후 룸메이드에게 연락하면 유료로 세탁이 가능하다.

다림질 판이 필요할 경우 하우스키핑에 주문하면 무료로 다리미판과 다리미를 대여해 준다 유료로 다림질을 대신해 주기도 한다.

신발은 객실 내에 비치된 슈샤인 천을 이용해 직접 닦거나, 신발바구니에 담아두면 룸메이드가 닦아준다.

듀티 매니저(Duty Manager)는 호텔 내의 모든 문제를 상의할 수 있고, 이러한 불편사항을 처리해 줄 뿐 만 아니라 관광정보를 제공하고, 예약 등의 일도 맡고 있다. 듀티 매니저라는 이름 외에도 듀티 데스크(Duty Desk), 콘시어지(Concierge) 등의 이름으로 운영되기도 한다.

짐을 들어다 주는 벨 데스크(Bell Desk)에서도 관광 예약서비스를 하기도 하며 짐을 맡길 수도 있다. 체크 아웃하고 나서 짐을 들고 다니기 불편한 상황일 때는 이처럼 벨 데스크에 짐을 맡기면 되는데, 대부분 무료지만 호텔에 따라 유료인 경우도 있다.

침대 위에 씌워진 커버도 이불이라고 생각하지만 사실 이것은 이불 위에 먼지가 쌓이지 않도록 하는 덮개일 뿐이다. 이 커버를 걷어서 옷장 안에 개어 놓고, 이불 속으로 들어가기 쉽도록 이불을 약간 추스려 놓아주는 것이 바로 하우스키핑 턴다운 서비스다. 뿐만 아니라 신기 편하도록 슬리퍼를 침대 옆에 놓아두고, 커텐을 닫아 주고, 샤워실 밑에 수건을 깔아준다.

※ 시설물 이용

호텔에는 헬스클럽 간이 의료시설, 비즈니스 시설, 환전 창구, 우편 발송, 교통관광 안내소, 안전금고, 관리인 등 제반 편의 시설이 마련되어 있다.

부재중 외부 전화나 연락은 미리 프런트에 부탁한다. 연락사항이 있을 경우 프런트에서 직접 전해주거나 메시지 램프에 불이 들어와 메시지가 있음을 알려준다.

※ 체크아웃

체크 아웃은 보통 12시인데 오후 6시 정도까지 있을 때는 객실비의 반을 내는 하프 데이 차지(Hall day charge)를 적용한다. 만일 출발 시간이 오후일 경우, 일단 12시에 체크 아웃을 한 후, 짐은 클락 룸(Cloak Room)에 보관하고 보관증을 받아두면 된다.

※ 팁

외국에서 팁이란 제공받은 서비스에 대한 조그만 감사의 표시이다. 사실 팁만으로 생활을 꾸려가는 사람이 있을 정도라니 외국에서 팁이 얼마나 보편화되어 있는지 알 수 있겠다.
팁의 금액은 상황에 따라 다르다.
팁에 대해서 너무 인색하면 자칫 무례한 행동이 될 수 있고 그렇다고 듬뿍 팁을 주는 것도 허세를 부리는 행동으로 간주되기 쉽다. 이런 경우는 돈주고도 욕먹는 셈이 되니 적정선을 잘 유지하는 것이 대단히 중요하다. 경우에 따라 다르지만 보통 우리나라 돈으로 1,000~2,000원 정도로 생각하면 된다.
호텔에선 방에서 나올 때 일반적으로 1 US$ 정도를 침대 위에 올려놓으면 되고, 다른 서비스를 받을 때도 1~2 US$ 정도틀 주면된다.

호텔에 관련된 단어

성(영문)	英文姓	Yīngwén xìng	잉원씽
이름(영문)	英文名字	Yīngwén míngzi	잉원밍즈
성별	性别	xìngbié	씽비에
성과 이름(한자)	中文姓名	Zhōngwén xìng míng	쭝원씽밍
국적	国籍	guójí	구어지
생년월일	生年月日	shēng nián yuè rì	셩니엔위에러
여권종류	护照种类	hùzhào zhǒnglèi	후자오 종레이
여권번호	护照号码	hù zhào hào mǎ	후자오 하오마
비자종류	签证种类	qiānzhèng zhǒnglèi	치엔쩡 종레이
비자유효기간	签证有效期	qiānzhèng yǒuxiàoqī	치엔쩡 요씨아오치
도착시간	来点时间	lái diǎn shíjiān	라이디엔쓰찌엔
출발시간	离点时间	lí diǎn shíjiān	리디엔쓰지엔
로비	大厅	dàtīng	따팅
헬스클럽	健身俱乐部	jiànshēn jùlèbù	찌엔션쥐러뿌
모닝콜	叫醒服务	jiào xǐng fúwù	찌아오싱 푸우
숙박카드	住宿登记卡	zhùsù dēngjìkǎ	쭈쑤떵찌카
청소	打扫	dǎsǎo	다사오
룸서비스	客房服务	kèfáng fúwù	커팡푸우
세탁	洗衣	xǐyī	시이
얼음	冰块	bīng kuài	삥콰이
인터넷	互联网	hù lián wǎng	후리엔왕
팩스	传真	chuánzhēn	추안쩐

호텔

MEMO

In the Hotel

체크인하기

조용한 방을 부탁합니다.

请给我一间安静的房间

Qǐng gěi wǒ yì jiān ānjìng de fángjiān 칭 게이 워 이찌엔 안징 더 팡찌엔

하룻밤에 얼마입니까?

一天多少钱?

Yì tiān duōshao qián 이 티엔 뚜어샤오 치엔

조식은 몇 시부터입니까?

早餐几点开始?

Zǎocān jǐ diǎn kāishǐ 자오찬 지디엔 카이쓰

조식은 8시 30분 부터입니다.

早餐从8点 30分开始

Zǎo cān cóng bā diǎn sān shí fēn kāishǐ 자오찬 총 빠 디엔 싼쓰 펀 카이쓰

체크아웃은 오전 10까지입니다.

在上午10点以前该退房

Zài shàngwǔ shí diǎn yǐqián gāi tuìfáng 짜이 샹우 쓰디엔 이치엔 까이 퉤이팡

알겠습니다.

知道了

Zhīdao le 쯔다오 러

In the Hotel

체크인(예약이 되었을 때)

방을 예약해 두었는데요.

已经预订房间了

Yǐjīng yùdìng fángjiān le 이징 위딩 팡지엔 러

성함이 어떻게 되십니까?

您贵姓? / 您叫什么名字

Nín guì xìng?/ nín jiào shénme míngzi? 닌 꿰이 씽 / 닌 찌아오 션머 밍즈

~ 라고 합니다.

叫~

jiào 찌아오

예, 예약되어 있습니다.

对，已经订好了

Duì, yǐjīng dìng hǎo le 뛔이, 이징 띵 하오 러

그럼, 이 숙박카드 좀 작성해 주십시오.

请把这个住宿登记卡填写

Qǐng bǎ zhè gè zhùsù dēngjìkǎ tiánxiě 칭 바 쩌거 쭈쑤 떵찌카 티엔 시에

어디에 적어야되나요?

在哪儿填写?

Zài nǎr tiánxiě? 짜이 날 티엔 시에

In the Hotel

체크인(예약이 안 되었을 때)

빈 방이 있습니까?

有空房间吗?

Yǒu kòng fángjiān ma? 요 콩 팡지엔 마

예, 있습니다.

有

Yǒu 요우

아니오, 없습니다.

没有

Méiyǒu 메이 요우

1박에 얼마입니까?

一天多少钱?

Yì tiān duōshao qián 이 티엔 뚜어샤오 치엔

얼마나 계실 겁니까?

要住几天?

Yào zhù jǐ tiān 야오 쭈 지 티엔

3일 정도 있을 겁니다.

3天左右

Sān tiān zuǒyòu 싼 티엔 주오요우

아침 식사가 포함되었나요?

包括早餐吗？

Bāokuò zǎocān ma? 빠오쿠오 자오찬 마

방을 봐도 될까요?

可以看看房间吗？

Kěyǐ kànkan fángjiān ma? 커이 칸칸 팡지엔 마

전망 좋은 방(싱글룸, 더블룸, 트윈룸)으로 주십시오.

请给我视野好的房间(单人间/标准间)

Qǐng gěi wǒ shìyě hǎo de fángjiān(dānrénjiān/biāozhǔnjiān)
칭 게이 워 쓰예 하오 더 팡지엔 (딴런찌엔/ 삐아오준찌엔)

욕실이 있는 방을 원해요.

我要有浴室的房间

Wǒ yào yǒu yùshì de fángjiān 워 야요 요 위셔 더 팡지엔

세금과 서비스 요금이 포함되어 있나요?

包括税金和服务费吗？

Bāokuò shuìjīn hé fúwùfèi ma? 빠오쿠오 쒜이진 허 푸우페이 마

너무 비싸요, 할인은 안되나요?

太贵了，可不可以打折扣？

Tài guì le, kě bù kěyǐ dǎzhékòu? 타이 꿰이 러, 커부커이 다저코우

이 방으로 하겠어요.

我要住这个房间

Wǒ yào zhù zhè ge fángjiān 워 야오 쭈 쩌거 팡지엔

In the Hotel

안내 부탁하기

내일 아침 6시에 깨워 주십시오.

请明天早上6点叫醒我

Míngtiān zǎoshàng liù diǎn jiào xǐng wǒ
칭 밍티엔 자오샹 류디엔 찌아오 씽 워

이것을 맡아주시겠습니까?

请代管这个行李

Qǐng dàiguǎn zhè ge xíngli 칭 따이관 쩌거 씽리

방 청소를 부탁합니다.

请打扫房间

Qǐng dǎsǎo fángjiān 칭 다사오 팡지엔

시내 관광을 추천해 주세요.

请推荐市内的旅游景点

Qǐng tuījiàn shì nèi de lǚyóu jǐngdiǎn 칭 퉤이지엔 셔 네이 더 뤼요우 징디엔

자동판매기 있어요?

我要有浴室的房间

Yǒu zìdòng fànmàijī ma? 요 쯔둥 판마이찌 마

물을 끓일 수 있나요?

可以开水吗?

Kěyǐ kāishuǐ ma? 커이 카이 쉐이 마

In the Hotel
룸 서비스

룸 서비스 부탁합니다.

拜托客房服务

Bàituō kèfáng fúwù 빠이투오 커팡 푸우

비누와 샴푸가 더 필요해요.

需要肥皂和洗发精多一点

Xūyào féizào hé xǐfàjīng duō yì diǎn 쒸야오 페이짜오 허 씨파찡 뚜어 이디엔

크리닝을 부탁해요.

请干洗衣服

Qǐng gān xǐ yīfu 칭 깐씨 이푸

언제 돼요?

什么时候做完?

Shénme shíhou zuò wán? 션머 쓰호우 쭈오 완

세탁물은 다 됐나요?

洗衣服好了吗?

Xǐ yīfu hǎo le ma? 시 이푸 하오러 마

와이셔츠를 세탁하고 싶은데요.

我想洗衬衫

Wǒ xiǎng xǐ chènshān 워 씨앙 시 천샨

123호실의 미스터 박입니다.

我是 123号房间的朴

Wǒ shì yāo èr sān hào fángjiān de Piáo 워 쓰 야오얼싼 팡지엔 더 피아오

짐이 아직 안왔어요.

行李还没到

Xíngli hái méi dào 싱리 하이 메이 따오

얼음(휴지, 광천수) 좀 주세요.

请给我冰块（卫生纸/矿泉水）

Qǐng gěi wǒ bīngkuài(wèishēngzhǐ/kuàngquánshuǐ)
칭 게이 워 삥콰이 (웨이셩즈 / 쾅취엔쉐이)

자동판매기 있어요?

有自动贩卖机吗?

Yǒu zìdòng fànmàijī ma? 요 쯔동 판마이지 마

아침 식사를 주문하려고 해요.

我要点早餐

Wǒ yào diǎn zǎocān 워 야오 디엔 자오찬

샌드위치와 커피 부탁해요.

请给我一个三明治和一杯咖啡

Qǐng gěi wǒ yī ge sānmíngzhì hé yì bēi kāfēi
칭 게이 워 이거 산밍쯔 허 이뻬이 카페이

숙박

In the Hotel

프런트에서

이 근처에 한식요리점이 어디 있나요?

这儿附近有韩国餐厅吗?

Zhèr fùjìn yǒu Hánguó cāntīng ma? 젤 푸진 요 한구어 찬팅 마

여기서 ~ 은 가까워요?

~离这里近吗?

~ lí zhèli jìn ma? 리 쩌리 찐 마

여기서 ~ 은 머나요?

~离这里远吗?

~ lí zhèli yuǎn ma? 리 쩌리 위엔 마

~ 까지 걸어서 갈 수 있어요?

到~~可以走着去吗?

Dào~~ kěyǐ zǒuzhe qù ma? 따오 ~~ 커이 조우 저 취 마

하루 더 묵고 싶습니다.

我想再住一天

Wǒ xiǎng zài zhù yì tiān 워 씨앙 짜이 쭈 이티엔

하루 더 일찍 떠나고 싶습니다.

我想提前一天离开

Wǒ xiǎng tíqián yì tiān líkāi 워 씨앙 티치엔 이티엔 리카이

레스토랑은 아침 몇 시부터예요?

餐馆早上几点开始?

Cānguān zǎoshàng jǐ diǎn kāi shǐ? 찬관 자오샹 지디엔 카이쓰

택시를 불러 주세요.

请叫出租车

Qǐng jiào chūzūchē 칭 찌아오 추주처

팩스를 보낼(받을) 수 있습니까?

可以发(受到)传真吗?

Kěyǐ fā(shòu dào) chuánzhēn ma? 커이 파 (쇼따오) 추안쩐 마

인터넷을 할 수 있을까요?

能上网吗?

Néng shàngwǎng ma? 넝 샹왕 마

국제전화를 걸고 싶습니다.

我想打国际电话

Wǒ xiǎng dǎ guójì diànhuà 워 씨앙 다 구오찌띠엔화

FAX를 사용할 수 있을까요?

可以用传真吗?

Kěyǐ yòng chuánzhēn ma? 커이 용 추안쩐 마

In the Hotel

귀중품 맡기기

실례합니다. 귀중품을 맡길 수 있을까요?

请问，可以寄存贵重品吗?

Qǐng wèn, kěyǐ jìcún guìzhòngpǐn ma? 칭원, 커이 찌춘 꿰이쫑핀 마

언제까지 맡겨 두실 건가요?

到什么时候寄存?

Dào shénme shíhou jìcún? 따오 션머쓰호우 찌춘

체크아웃 할 때까지요.

到退房时

Dào tuìfáng shí 따오 퉤이 팡 쓰

요금을 드려야 하나요?

要负担费用吗?

Yào fùdān fèiyòng ma? 야오 푸딴 페이용 마

계산은 내 방으로 달아주세요.

退房时一起结账

Tuìfáng shí yì qǐ jiézhàng 퉤이팡 쓰 이치 지에짱

보관증을 주세요.

请给我保管证

Qǐng gěi wǒ bǎoguǎnzhèng 칭 게이 워 바오관쩡

In the Hotel
체크아웃 하기

호텔

(체크아웃)하고 싶습니다.

我要退房

Wǒ yào tuì fáng 워 야오 퉤이 방

몇 호 실입니까?

几号房间?

Jǐ hào fángjiān? 지 하오 팡지엔

제 방은 603호입니다.

我的房间是603号

Wǒ de fáng jiān shì liù bǎi líng sān(liù líng sān) hào
워 더 팡지엔 쓰 603 팡지엔

알겠습니다. 처리가 다 되었습니다.

知道了，都处理好了

Zhīdào le, dōu chǔlǐ hǎo le 쯔다오 러, 또우 추리 하오 러

여행자 수표(신용카드)로 지불이 가능한가요?

可以用旅行支票(信用卡)结帐吗?

Kěyǐ yòng lǚxíng zhīpiào(xìnyòngkǎ) jiézhàng ma?
커이 용 뤼씽즈피아오(씬용카) 지에짱 마

가능합니다. 신분증을 보여주세요.

可以，給我身份证看看

Kě yǐ, gěi wǒ shēnfènzhèng kànkan 커이, 게이 워 션펀쩡 칸칸

여기 객실 요금계산서가 있습니다.

这是客房单子

Zhè shì kèfáng dānzi 쩌 쓰 커팡 딴즈

영수증이 필요합니다.

我需要收据

Wǒ xūyào shōujù 워 쒸야오 쇼우쥐

내일 아침에 체크아웃 하겠어요.

明天早上要退房

Míngtiān zǎoshang yào tuìfáng 밍티엔 자오샹 야오 퉤이팡

이것은 무슨 비용입니까?

这是什么费用?

Zhè shì shénme fèiyòng 쩌 쓰 션머 페이용

계산이 잘못된 것 같아요.

计算错了

Jìsuàn cuò le 찌쑤안 추오 러

전 국제전화를 사용한 적이 없어요.

我没用过国际电话

Wǒ méi yòngguò guójì diànhuà 워 메이 용 꾸오 구오찌띠엔화

다시 한번 확인해 주세요.

再确认一下

Zài quèrèn yí xià 짜이 취에런 이씨아

In the Hotel
문제가 생겼을 때

열쇠를 방에 두고 왔습니다.

我把钥匙忘在房间里了

Wǒ bǎ yàoshi wàng zài fángjiān li le 워 바 야오쓰 왕짜이 팡지엔 리 러

불이 안 켜져요.

登不亮

Dēng bú liàng 떵 부 리앙

욕실의 물이 빠지지 않아요.

浴室里下水不好

Yùshì li xiàshuǐ bù hǎo 위 쓰 리 씨아 쉐이 뿌 하오

화장실의 물이 멈추지 않네요.

卫生间里的水关不掉

Wèi shēngjiān li de shuǐ guān bú diào 웨이셩지엔 리 더 쉐이꽌 부 띠아오

화장실 물이 나오지 않네요.

卫生间不出水

Wèishēngjiān bù chū shǔi 웨이셩찌엔 부 추 쉐이

샤워기에서 더운 물이 나오지 않아요.

淋浴器不出热水

Línyùqì bù chū rèshuǐ 린위치 부 추 러 쉐이

호텔

열쇠를 잃어버렸어요.

钥匙丢了

Yàoshi dīu le 야오쓰 띠우 러

내 옆방 사람들이 너무 시끄럽게 떠들어요.

隔壁房间太吵

Gébì fángjiān tài chǎo 거 삐 팡지엔 타이 차오

냉방이 안 돼요.

空调坏了

Kōngtiáo huài le 콩 티아오 화이 러

난방이 안 돼요.

暖气坏了

Nuǎn qì huài le 누안 치 화이 러

의사를 불러주세요.

请叫医生

Qǐng jiào yīshēng 칭 찌아오 이셩

창문이 안 열려요.

窗打不开

Chuāng dǎbukāi 추앙 다 부 카이

04

교통

Transportation

교통시설

01 렌터카

■ 수속시 필요한 서류

회사나 기관에서 렌트할 경우: 회사, 사업단위 영업허가증, 법인번호증서, 법인신분증, 법인도장 등의 원본 및 사업장 소개서, 공인 수속인의 신분증과 운전자의 면허증, 신분증, 렌트비와 담보금.

개인이 렌트할 경우: 운전면허증(해당지역 운전면허증 '2년이상 운전 경력'), 신분증, 렌트비와 담보금.

외국인의 경우: 중화인민공화국 운전면허증, 북경거류증, 여권, 렌트비와 담보금.

02 열차

중국의 열차는 여우쳐(游車), 터콰이(特快), 즈콰이(直快) , 콰이커(快客), 즈커(直客), 커(客)의 여섯 종류가 있으며, 터콰이(特快)는 특급, 즈콰이(直快)는 급행, 나머지는 좌석에 따라 구분되는 완행열차를 말한다.

■ 여우쳐(游車): Y5 ~ 27차

여행객들을 위한 열차로서 차차(車次)앞에 Y가 붙는다 주로 이층기차이며 화장실이 한 차량에 2군데씩 있고, 승무원들의 서비스 역시 비교적 좋은 편이다. 중국에서 가장 좋은 열차라고 할 수 있다.

■ **터콰이(特快) : 1~ 99차**

외국인 여행자들이 주로 이용한다. 주로 북경과 주요 도시를 연결하는데, 러시아나 평양을 연결하는 국제열차도 터콰이(特快)에 속한다. 장거리의 경우에는 며칠씩 열차 안에서 시간을 보내야 한다.
때문에 루완워(軟臥), 잉워(硬臥), 루안쭈워(軟座), 잉쭈워(硬座) 등 모든 종류의 좌석이 있으며 식당차도 연결되어 있다.

■ **즈콰이(直快), 콰이커(快客) : 100 ~ 350차**

두 군데 이상의 철도국을 연결하는 급행이 즈콰이(直快)이고 한 철도국 내를 달리는 급행이 콰이커(快客)이다. 터커(特客)에 비해 정차하는 역이 많다. 장거리를 운행하는 열차는 루완워(軟臥), 잉워(硬臥), 식당차 등을 갖추고 있다 터콰이(特快)는 낮 시간에 달리는 열차가 많으며 잉쭈워(硬座)와 루완쭈워(軟座)뿐이고 식당차가 없다.

■ **즈커(直客), 커(客) : 400-500차**

모든 역에 정차하는 완행열차로서 대개 잉쭈워(硬坐)만 있고 침대차는 없다. 대부분 단거리 열차이며 속도가 느리기 때문에 여행자가 이용하기에는 적합하지 못하다.

※ 좌석의 종류

중국은 한 열차 안에 좌석의 종류에 따라 4개로 분류하고 가격도 다르다.

교통시설

■ **루원우(軟臥): 푹신푹신한 침대**

외국인 여행객들이 주로 이용하며 가격이 비싸다. 4명이 한 방을 사용하도록 되어있고 2층 침대가 2개 있다. 4명이 여행할 때는 편리하지만, 그렇지 않을 경우 다른 사람과 합석하여야 되므로 여자들은 주의를 요한다. 가격은 잉워(硬臥)의 2배 이상이기 때문에 이용하는 중국인들이 적으며, 이용객 층이 주로 상류 계층의 중국인들과 외국인들이다.

탑승하면 차표를 승무원이 회수하였다가 나중에 다시 돌려주므로 내릴 곳을 지나칠 염려는 없다. 요즈음 중국인들도 이용하는 숫자가 늘어나므로 표를 구입하기가 점점 어려워진다.

■ **잉워(軟臥): 딱딱한 침대**

상·중·하 3단으로 나뉘어져 있으며 서로 마주보게 되어 있는 여섯개의 침대가 한 칸으로 되어있다. 독실로 되어 있지는 않지만 칸막이가 되어 있으며 문은 없다. 얇은 매트리스와 시트, 베개, 담요, 보온병 등이 설치되어 있다. 상단이나 중단을 선택하는 것이 좋다. 표 구입이 가장 어려우므로, 미리 예약하는 것이 가장 좋다.

■ **롼쭈워(軟座): 푹신푹신한 좌석**

주로 낮 시간에 운행하는 단거리 열차에 달려 있다. 좌석이 푹신하게 되어 있으며 좌석이 미리 지정되어 있기 때문에 잉쭈워(硬座)처럼 혼잡하지 않으며 여유롭게 창 밖의 풍경을 감상할 수 있다.

■ 잉쭈워(硬座) : 딱딱한 좌석

중국 서민이 이용하는 보통 좌석으로써 예약 좌석이 없다. 딱딱하다고는 하지만 약간의 얇은 쿠션으로 되어 있어 완전히 딱딱하지는 않다. 요금은 물론 가장 저렴하지만 장거리 여행을 하기에는 부적당하다. 보통 서민들이 이용하는 차량이므로 담배 연기가 자욱하며 소음이 매우 시끄러우므로 장거리를 이용할 사람은 단단히 각오를 해야 한다.

※ 열차표 구입장소

■ 호텔의 대행사

중국의 호텔에 가면 표를 대신 사주는 곳이 있다. 물론 수수료를 줘야 하지만, 미리 예약할 수 있는 장점도 있고 안전하게 표를 구할 수 있기 때문에 이용을 권장한다.

■ 외국인 전용 판매소

이 방법은 중국을 직접 부딪쳐 보고 싶은 사람에게 권할 만한 방법이다. 중국은 이외에도 외국인을 위한 특수시설을 많이 갖추고 있는데, 이를 이용하면 편하게, 중국에서는 받기 힘든 서비스를 받을 수 있다.

■ 기획실(企劃室)

역 주변에는 항상 많은 사람들이 있고 그 중에는 역무에 관련된 사람들도 많다. 그러나 역무원 복장을 갖춘 사람도 있고 아닌 사람도 있지만, 이런 사람들을 찾아서 물어보면 기획실이 어디에 있는지 알 수 있다. 이곳에선 5위안 정도의 수수료만 내고 표를 구할 수 있다.

■ 역 주변의 여행사

역 주변에는 대개 여행사가 많이 있다. 여행사에서 일정 수수료를 지불하면 원하는 표를 구할 수 있다.

03 택시

중국을 개인적으로 여행하다 보면 택시를 이용하는 것이 편리하고 안전할 때가 많이 있다. 주의할 점은 중국의 택시는 외국인에게 바가지를 씌우기로 전세계에서도 유명하므로 택시를 타기 전에 미리 행선지와 이용 요금 등을 정확히 흥정해 두어야만 한다. 그리고 되도록 미터기가 있는 택시를 타는 것이 좋다. 승차할 때는 미터기를 켜는지 확인하고, 요금을 지불할 때는 영수증을 받는다.

04 시내버스

일반 버스와 전차, 소형 버스가 있다. 노선 안내도는 호텔이나 역, 터미널의 매점에서 구한다. 정류장에 정차 버스의 번호가 적혀 있으므로 확인한다. 승차 후 차장에게 행선지를 말하고 요금을 지불하면 차표를 준다.

환상선(環狀線)과 동서선(東西線) 두 노선이 있다. 환상선은 베이징잔(北京驛)에서 지엔구워먼(建國門)까지 구내성 지역을 일주한다. 동서선은 시단(西單) ~ 핑궈위안(拜果園)을 연결하는데 푸싱먼(復興門)에서 환상선과 만난다. 10분 간격으로 운행되며, 요금은 전구간이 3위엔으로 동일하다.

교통에 관련된 단어

한국어	중국어	병음	발음
왼쪽	左边	zuǒ bian	주오비엔
오른쪽	右边	yòu bian	요우비엔
소요시간	需要时间	xūyào shijiān	쒸야오쓰찌엔
사거리	十字路口	shízì lùkǒu	쓰쯔루코우
신호등	红绿登	hónglǜdēng	홍뤼떵
앞	前	qián	치엔
뒤	后	hòu	호우
횡단보도	人行横道	rénxíng héngdào	런씽헝따오
버스 정류장	公共汽车站	gōnggòng qìchēzhàn	꽁꽁치처짠
택시 타는 곳	出租汽车站	chūzū qìchēzhàn	추주치처짠
기차역	火车站	huǒchēzhàn	후오처짠
운전석	驾驶座	jiàshǐ zuò	찌아쓰쭈오
보조석	副驾驶座	fùjiàshǐ zuò	푸찌아셔쭈오
속도제한	速度制限	gāosù zhìxiàn	쑤뚜쯔씨엔
과속	过速	guò sù	꾸오수
노선표	路线表	lùxiànbiǎo	루씨엔비아오
좌석	座位	zuò wèi	쭈오웨이
장거리 열차	长途列车	chángtú lièchē	창투리에처
특급 열차	特快	tè kuài	터콰이
완행 열차	慢车	màn chē	만처
급행 열차	快车	kuài chē	콰이처

MEMO

Transportation
거리에서

~는 어디에 있나요?

~在哪儿?

~ zài nǎr? ~짜이 날

이 근처에 ~가 있나요?

这附近有~吗?

Zhè fùjìn yǒu~ ma? 쩌 푸진 요우 ~~마

~에는 어떻게 가면 됩니까?

去~怎么走?

Qù~ zěnme zǒu? 취~전머 조우

여기는 어디입니까?

现在在哪儿?

Xiànzài zài nǎr? 씨엔짜이 짜이 날

화장실이 어딥니까?

卫生间在哪儿?

Wèishēngjiān zài nǎr? 웨이셩찌엔 짜이 날

어느 정도 걸립니까?(시간)

需要多长时间?

Xūyào duōcháng shíjiān? 쒸야오 뚜어창 쓰지엔

약국은 어디입니까?

药店在哪儿?

Yàodiàn zài nǎr? 야오띠엔 짜이 날

자금성 가는 길 좀 알려 주십시오.

请告诉我故宫怎么走

Qǐng gàosu wǒ Gùgōng zěnme zǒu? 칭 까오수 워 꾸꽁 전머 조우

만리장성에 가려고 합니다.

我要去长城

Wǒ yào qù Chángchéng 워 야오 취 창청

약도 한 장 그려주실 수 있나요?

请给我画一张略图?

Qǐng gěi wǒ huà yì zhāng lüètú? 칭 게이 워 화 이짱 뤼에투

이 주소가 어딘지 봐 주실래요?

请问，这个地址在哪里

Qǐng wèn, zhè ge dìzhǐ zài nǎ li? 칭원 쩌거 띠즈 짜이 나리

버스 정류장이 이곳에서 먼가요?

公共汽车站离这儿远吗?

Gōnggòng qìchēzhàn lí zhèr yuǎn ma? 꽁꽁치처짠 리 쩔 위엔 마

초행길이니 자세히 설명해 주세요.

我第一次来这儿，请仔细地说明

Wǒ dì yí cì lái zhèr, qǐng zǐxì de shuōmíng
워 띠이츠 라이 쩔, 칭 즈씨 더 수오밍

Transportation

자전거 타기

자전거를 빌리고 싶습니다.

我想租自行车

Wǒ xiǎng zū zìxíngchē 워 씨앙 쭈 쯔씽처

어디서 자전거를 빌릴 수 있을까요?

在哪儿可以租自行车?

Zài nǎr kěyǐ zū zìxíngchē? 짜이 날 커이 쭈 쯔싱처

한 시간 빌리는데 얼마입니까?

租一个小时多少钱?

Zū yí ge xiǎoshí duōshao qián? 쭈 이거 시아오쓰 뚜어샤오 치엔

하루에 얼마입니까?

包一天多少钱?

Bāo yì tiān duōshao qián 빠오 이 티엔 뚜어샤오 치엔

다른 걸로 바꿔주십시오.

换别的吧

Huàn bié de ba 환 비에 더 바

가격표를 보여주십시오.

请给我看价格表

Qǐng gěi wǒ kàn jiàgébiǎo 칭 게이 워 칸 찌아거비아오

타이어에 바람을 넣어 주십시오.

给轮胎打气吧

Gěi lúntāi dǎ qì ba 게이 룬타이 다치 바

언제까지 돌려줘야 합니까?

到什么时候要还?

Dào shénme shíhou yào huán? 따오 선머쓰호우 야오 환

중국의 자전거 문화

우리나라 러시아워에는 자동차가, 타이완에는 오토바이가, 그리고 중국 대륙에는 자전거가 생각난다. 실제로 중국의 각 도시에서는 자전거가 주된 교통 수단이다. 중국에서 자전거가 주요한 교통수단이 된 이유는 지평선이 보일 정도로 거대한 평야 지대인 도시의 지형적 특성과 사회주의의 실용주의적인 삶의 태도가 결합해서 특징적인 자전거 문화가 만들어졌다. 이렇게 자전거 문화가 발전하면서 외국인의 눈에는 특이하게 느낄 만한 장면들이 가끔 목격된다. 우리나라에서 상상조차 하기 힘든데 중국에는 자전거 또한 불법주차 위반이 있다. 지정된 장소에 주차하지 않은 자전거는 경찰이 자전거를 철거한다. 이유는 13억 인구가 애용하는 엄청난 자전거의 수만큼 독특한 자전거 질서문화도 중국의 질서유지에 큰 고려사항인 것이다.

중국에서는 자전거가 일반적인 교통수단이고 실제로 자전거를 탄 사람들을 늘 거리에서 볼수 있다. 치마를 입고 자전거를 타는 아가씨에서부터 뒤에 인력거를 달고 운행하는 할아버지 운전자까지 그야말로 자전거 천국이다.

Transportation

버스 타기

부근에 버스 정류장이 있습니까?

附近有公共汽车站吗?

Fùjìn yǒu gōnggòng qìchēzhàn ma? 푸진 요 꽁꽁치처짠 마

다음 정거장이 ~입니까?

下一站是~吗?

Xià yí zhàn shì~ ma? 씨아 이 짠 쓰 ~~ 마

여기를 가려면 어디에서 내립니까?

要去这里该在哪里下車?

Yào qù zhè li gāi zài nǎ li xià chē? 야오 취 쩌리 까이 짜이 나리 씨아 처

이 버스는 ~에 섭니까?

这个公共汽车在~停吗?

Zhè ge gōnggòng qìchē zài~ tíng ma? 쩌거 꽁꽁치처 짜이 ~팅 마

도착하면 가르쳐 주세요.

到目的地，就告诉我

Dào mùdìdì,jiù gàosu wǒ 따오 무띠띠 찌우 까오수 워

~까지 얼마입니까?

到~多少钱?

Dào~ duōshao qián? 따오 ~ 뚜어샤오 치엔

버스 노선도 한 장 주세요.

请给我一张公共汽车路线图

Qĭng gěi wǒ yì zhāng gōnggòng qìchē lùxiàntú
칭 게이 워 이 짱 꽁꽁치처 루씨엔투

천안문 가는 버스는 어디 있습니까?

去天安门的公共汽车在哪里?

Qù Tiān'ānmén de gōnggòng qìchē zài nǎli?
취 티엔안먼 더 꽁꽁치처 짜이 나리

차표 한 장에 얼마입니까?

车票一张多少钱?

Chēpiào yì zhāng duōshao qián? 처 피아오 이 짱 뚜어샤오 치엔

언제 출발합니까?

什么时候出发?

Shénme shíhou chūfā? 션머 쓰호우 추파

여기가 제가 내려야 할 곳입니까?

我在这儿下车吗?

Wǒ zài zhèr xià chē ma? 워 짜이 쩔 씨아 처 마

버스가 몇 분에 한대씩 있나요?

公共汽车几分钟来一辆

Gōnggòng qìchē jǐ fēn zhōng lái yí liàng 꽁꽁치처 지펀중 라이 이 량

Transportation
택시 타기

이곳으로 가주세요.

请去这里

Qǐng qù zhè li　칭 취 쩌리

얼마나 걸립니까?

需要多长时间?

Xūyào duōcháng shíjiān?　쒸야오 뚜어창 쓰지엔

저기 건물 앞에 세워주세요.

请在那个大楼前停车

Qǐng zài nà ge dàlóu qián tíng chē　칭 짜이 나 거 따로우 치엔 팅처

북경역까지 얼마에 갑니까?

到北京站多少钱?

Dào Běijīngzhàn duōshao qián?　따오 베이징 짠 뚜어샤오 치엔

거스름돈을 덜 주셨어요.

零钱不够

Líng qián bú gòu　링 치엔 부 꼬우

잔돈은 그냥 가지세요.

零钱不用找了

Líng qián bú yòng zhǎo le　링 치엔 부용 자오 러

서둘러주세요.

请快一点

Qǐng kuài diǎnr 칭 콰이 이디엔

지금 어디를 지나고 있습니까?

现在过哪里去？

Xiàn zài guò nǎ li qù 씨엔자이 꾸오 나리 취

도착하면 알려주세요.

到的话，就告诉我

Dào de huà, jiù gàosu wǒ 따오 더 화 지우 까오수 워

(주소를 보여주며) 이곳을 아시나요?

你知道这个地址在哪里？

Nǐ zhīdao zhè ge dìzhǐ zài nǎ li? 니 쯔다오 쩌거 띠즈 짜이 나리

왜 미터기와 요금이 다른가요?

为什么米表和收费不一样？

Wèi shénme mǐbiǎo hé shōufèi bù yí yàng?
웨이션머 미비아오 허 쇼페이 뿌이양

이곳에서 세워주세요.

请在这儿停车

Qǐng zài zhèr tíng chē 칭 짜이 쩔 팅처

잠깐 기다려 주실 수 있으세요?

请稍微等一下

Qǐng shāowēi děng yí xià 칭 샤오웨이 덩 이씨아

Transportation
렌터카

렌터카 회사가 어디인가요?

租车公司在哪里?

Zūchē gōngsī zài nǎ li? 주 처 공쓰 짜이 나리

차를 한 대 빌릴 수 있을까요?

可以包一辆车吗?

Kěyǐ bāo yí liàng chē ma? 커이 빠오 이량 처 마

보험은 들어 있습니까?

有保险吗?

Yǒu bǎoxiǎn ma? 요 바오씨엔 마

밴을 빌리고 싶어요.

我想租小面包车

Wǒ xiǎng zū xiǎo miànbāochē 워 씨앙 주 씨아오 미엔 빠오 처

소형차를 원합니다.

想要小型车吗?

Xiǎng yào xiǎoxíngchē ma? 씨앙 야오 씨아오씽 처 마

저 차로 선택하겠어요.

我要那种

Wǒ yào nà zhǒng 워 야오 나 종

임대 요금은 얼마입니까?

租费多少钱?

Zūfèi duōshao qián?　쭈페이 뚜어샤오 치엔

3일 동안 쓸 겁니다.

要包3天

Yào bāo sān tiān　야오 빠오 산 티엔

하루에 요금이 얼마나 되나요?

包一天多少钱?

Bāo yì tiān duōshao qián?　빠오 이티엔 뚜어샤오 치엔

오토매틱으로 주세요.

请给我自动的

Qǐng gěi wǒ zìdòng de　칭 게이 워 쯔동 더

휘발유는 들어있나요?

有没有汽油?

Yǒu méi yǒu qìyóu　요메이요 치요

가까운 곳에 주유소가 어디에 있습니까?

最近的加油站在哪里

Zuìjìn de jiāyóuzhàn zài nǎ li?　쭈이 찐 더 찌아요짠 짜이 나리

Transportation
지하철 타기

이 부근에 지하철역이 있습니까?

这附近有地铁站吗?

Zhè fùjìn yǒu dìtiězhàn ma? 쩌 푸진 요 띠티에 짠 마

매표소는 어디인가요?

售票处在哪里?

Shòupiàochù zài nǎ li? 쇼우피아오추 짜이 나리

~ 에서 내리고 싶은데요.

我想在~下车

Wǒ xiǎng zài~ xià chē 워 씨앙 짜이~~ 씨아처

~역까지는 어느 정도 걸립니까?

到~站需要多长时间?

Dào~ zhàn xūyào duōcháng shíjiān? 따오 ~ 짠 쒸야오 뚜오창 쓰지엔

이 전철이 ~로 갑니까?

这地铁去~吗?

Zhè dìtiě qù~ ma? 쩌 띠티에 취~ 마

어디에서 타야 되나요?

在哪里坐车?

Zài nǎ li zuò chē? 짜이 나리 쭈오 처

가장 가까운 전철역은 어디입니까?

最近的地铁站在哪里?

Zuì jìn de dìtiě zhàn zài nǎ li? 쮜 찐 더 띠티에 짠 짜이 나리

대인 두 장 주세요.

请给我两张大人票

Qǐng gěi wǒ liǎng zhāng dàrénpiào 칭 게이 워 리앙 짱 따 런 피아오

학생증이 있는데 할인되나요?

带学生证有优惠吗?

Dài xuéshengzhèng yǒu yōuhuì ma? 따이 쉬에셩쩡 요우 요훼이 마

천안문을 가려면 어디서 갈아타야 하나요?

要去天安门在哪儿换车?

Yào qù Tiān'ānmén zài nǎr huàn chē? 야오취 티엔안먼 짜이 날 환처

지하철 노선도 한 장 주세요.

请给我一张地铁路线图

Qǐng gěi wǒ yì zhāng dìtiě lùxiàntú 칭 게이 워 이짱 띠티에 루씨엔투

Transportation

기차 타기

상하이역에는 어떻게 가나요?

去上海站怎么走?

Qù Shànghǎi zhàn zěnme zǒu? 취 상하이짠 전머 조우

어디서 열차표를 파나요?

火车票在哪里卖?

Huǒchēpiào zài nǎ li mài? 후오처 피아오 짜이 나리 마이

열차 시간표를 주세요.

请给我火车时间表

Qǐng gěi wǒ huǒchē shíjiānbiǎo 칭 게이 워 후오처 쓰지엔 비아오

급행열차 있습니까?

有快车吗?

Yǒu kuàichē ma? 요 콰이처 마

침대칸이 있습니까?

有卧铺吗?

Yǒu wòpù ma? 요 워푸 마

편도 차표는 얼마입니까?

单程票多少钱?

Dānchéngpiào duōshao qián? 단 청 피아오 뚜어샤오 치엔

돌아올 때 쓰는 표는 언제까지 유효합니까?

回程票到何时有效?

Huíchéngpiào dào héshí yǒuxiào? 회이청 피아오 따오 허쓰 요 씨아오

식당차가 있습니까?

有餐车吗?

Yǒu cānchē ma? 요 찬 처 마

여기서 얼마나 정차하나요?

在这里停多久?

Zài zhè li tíng duōjiǔ? 짜이 쩌리 팅 뚜오지우

왕복으로 주세요.

请给我往返票

Qǐng gěi wǒ wǎngfǎnpiào 칭 게이 워 왕판 피아오

편도로 주세요.

请给我单程票

Qǐng gěi wǒ dānchéngpiào 칭 게이 워 딴청 피아오

표를 반환할 수 있나요?

可不可以退票?

Kě bù kěyǐ huàn piào? 커부커이 투이 피아오

일등석으로 주세요 / 일반석으로 주세요

我要头等舱 / 标准舱

Wǒ yào tóuděngcāng/ biāozhǔncāng 워 야오 토덩창 / 삐아오준창

Transportation
배 타기

승선 시간은 몇 시입니까?

什么时候乘船?

Shénme shíhou chéng chuán?　션머쓰호우 청 추안

다음 기항지는 어디입니까?

下一个寄航港是在哪里?

Xià yí ge jìhánggǎng shì zài nǎ li?　씨아 이 거 지항강 쓰 짜이 나리

1등 선실을 예약하고 싶습니다.

我想订1等船舱

Wǒ xiǎng dìng yì děng chuáncāng　워 씨앙 띵 이덩 추안창

이 강이 강 유람선을 타려면 어디로 가야 합니까?

要乘游览船该去哪里?

Yào chéng yóulǎnchuán gāi qù nǎ li?　야오 청 요란추안 까이 취 나리

이 강에는 어떤 종류의 유람선 관광이 있나요?

在这江上有什么种类的游览船?

Zài zhè jiāng shang yǒu shénme zhǒnglèi de yóulǎnchuán?
짜이 쩌 지앙 샹 요 션머 종레이 더 요란추안

여기서 내려도 되나요?

可以在这里下去吗?

Kěyǐ zài zhè li xià qù ma?　커이 짜이 쩌리 씨아취 마

배 위에서 식사할 수 있나요?

在船上可以吃饭吗?

Zài chuán shàng kěyǐ chīfàn ma? 짜이 추안 샹 커이 츠판 마

단거리 관광표 한 장 사고 싶은데요.

我想买一张短距离观光票

Wǒ xiǎng mǎi yì zhāng duǎnjùlí guānguāngpiào
워 씨앙 마이 이 짱 뚜안쥐리 관광 피아오

단거리 관광은 시간이 얼마나 걸리나요?

短距离观光需要多长时间?

Duǎnjùlí guānguāng xūyào duōcháng shíjiān?
뚜안쥐리 꽌 꽝 쒸야오 두오창 쓰지엔

언제 출항합니까?

什么时候出航?

Shénme shíhou chū háng? 션머셔호우 추항

배멀미가 납니다.

我晕船了

Wǒ yūn chuán le 워 윈 추안 러

05

식사

Eating Out

01 좋은 레스토랑 찾기
02 예약하기
03 입구에서
04 주문하기
05 계산하기
06 술집에서
07 패스트푸드점에서

01 중국 요리

중국은 지역이 넓고 민족 구성이 다양하여, 각 지방·민족마다 독특한 음식 문화를 보유하고 있으나 크게 4가지 계통으로 나뉘어 진다.

■ **루차이** (山東菜系라고도 하며 北京요리도 크게는 이 계통에 속함)
북방계통의 요리로 양념류를 많이 사용하여 맛이 강하며, 밀가루 음식을 주식으로 한다. 육류를 중심으로 센불에 빨리 조리하는 튀김, 볶음요리가 많다.

■ **쑤차이** (일부 上海 요리로 알려짐)
양자강 하류지역 요리로 민물고기, 새우, 게 등을 비교적 담백하게 요리하나 전반적으로 음식맛이 달다. 해산물과 미곡을 많이 사용하여 요리를 하며 재료 고유의 맛을 살린 담백함과 다채로운 음식의 색이 특징이다.

■ **촨차이** (사천 요리계통)
중국 서남 내륙지방의 요리로 고추, 마(중국 후추의 일종) 등 자극성 있는 진한 양념류를 사용하여 맵고 자극적이다. 한국인의 입맛에 가장 잘맞는 요리이다

■ **웨이차이** (煨菜라고도 하며, 광동 요리로 알려짐)
중국 남부 해안지방 요리로 사용재료가 다양하고, 특히 신선한 해산물을 사용하여 재료 본래의 맛을 유지할 수 있도록 담백하게 요리한

다. '딤섬'이라 불리는 요리도 웨이차이의 한종류다.

이외에도 각 계통의 분파라 할 수 있는 湘菜(호남성 요리), 潮州菜(광동성 조주지방 요리), 徽菜(안휘성 요리), 甬菜(절강성 寧波 요리), 臺菜(대만 요리) 등이 있고, 소수민족 요리로 淸眞菜(回族 요리), 泰菜(泰族 요리), 朝鮮菜(조선족 요리) 등이 있다.

※ 메뉴 보는 방법

어느 계통의 요리를 택할 것인가를 정한 후, 메뉴를 보고 요리를 주문한다. 하지만 이것은 결코 쉬운 일이 아니다. 사진이라도 있으면 대충 눈치로 해결이 되겠지만, 대부분 사자성어 같은 요리 이름이 빽빽한 메뉴(菜單) 중, 입맛에 맞는 것을 골라 선택하는 것은 어려운 일이다. 한자 실력뿐 만이 아니라 요리 이름 속에 내포되어 있는 의미를 해석할 수 있는 약간의 해독 능력이 필요하다.

일반적인 XXOO형 의 요리 이름 중 뒷부분의 OO는 주로 요리의 주재료나 주재료의 모양을 나타내며, 앞부분의 XX는 부재료, 요리 방법, 지방 이름, 요리 개발자, 맛, 색깔 또는 모양 등을 나타낸다. 이외에도 요리 이름 중에는 중국인 특유의 과장법에 근거한 형이상학적인 것들도 있으나 이런 요리는 별도로 익혀 두는 방법 밖에 없다.

■ 부재료

洋態牛肉 (주재료인 소고기와 부재료인 양파를 함께 볶은 요리)

식 사

■ 요리방법

紅燒海參(주재료인 해삼을 '紅燒'라는 요리방법으로 가공한 요리)

■ 지방이름

無錫排骨(주재료인 돼지갈비를 무석 지방식으로 가공한 요리)

■ 요리개발자

東坡肉(소동파가 지방장관으로 있던 항주의 요리로 돼지고기을 푹 삶아 기름을 뺀 요리)

■ 주의

중국요리에서 肉은 앞에 牛, 羊 등 별도 언급이 없으면 무조건 돼지고기임.

※ 요리 방법과 재료의 모양

메뉴를 선택함에 있어서 가장 중요한 것은 재료의 선택이다. 그러나 선택된 재료를 어떤 모양으로 어떤 방법으로 요리했는가는 음식의 맛과 바로 직결 된다.

■ 요리 방법을 나타내는 말

• 炒(챠오)

제일 광범위하게 사용하는 요리 방법으로 鎬(손잡이가 짧은 반구형의 후라이팬)을 뜨겁게 달군 후 식용유를 넣고 재료를 주걱같은 것

으로 저어 주면서 볶는 것
*淸妙蝦仁(껍질 깐 작은 새우를 볶은 것)

• 燒(싸오)
鎬에 식용유를 넣고 끓인 후 재료를 넣어 일차로 익히고 다시 별도 준비한 양념류와 국물(또는 물)을 넣어 재료에 침투가 되도록 졸인 것이다. 붉은 색깔이 난다하여 紅燒라고도 한다.
*紅燒黃魚(조기 조림)

• 丁(띵)
條를 세로로 짧게 자른 모양
이외에 魂(콰이:특별한 정형이 없는 비교적 큰 덩어리), 球(츄:구형에 가까운 모양) 등이 있다.
*宮保鷄丁(닭고기를 마른 붉은 고추, 땅콩 등과 함께 볶은 요리)

• 火考(카오): 반가공된 재료를 爌에서 구워내는 것.
*北京火考鴨(Peiking Duck)

• 炸(짜-): 다량의 끓는 기름에서 튀기는 것.
*魚詐鷄祖(닭다리 튀김)

• 爆(빠오)
鎬에 기름을 넣고 뜨거운 불에 달군 후, 일차 가공된 재료를 넣고 빠른 시간 내에 급히 볶는 것.

*醬爆鶏丁
작게 조각낸 닭고기를 일차 가공한 후 양념 류와 함께 볶은 것.

• 燉(뚠–): 중탕을 하는 것.
*人蔘燉鷄湯(인삼과 닭을 중탕하여 끓인 탕)

• 煎(지엔): 전을 붙이는 것(양면). 한 면만 전을 붙이는 것은 貝占(티에)라 하여 구분한다.
*煎鷄蛋(계란부침)

• 蒸(쩡–): 찜.
*淸蒸紅斑(가루파라는 생선 찜)

※ 재료의 모양을 나타내는 말

–片(피엔): 얇고 넙적한 모양.
*洋葱態牛肉片(소고기편을 양파와 볶은 요리)

–條(탸오): 片을 굵고 길게 자른 것
*祚署條(French fry)

– 絲(쓰): 채를 썰은 것(條 보다 가늘게 썬 것)
*靑淑肉絲(돼지고기 고추 잡채)

02 주문하는 법

알맞은 양의 음식을 입맛에 맞게 주문하려면 식당에서 자체적으로 준비한 套餐(타오찬: set menu)을 시키거나, 인원이 많을 경우 식당 매니저와 협의하여 일 인당 예산과 특별히 좋아하거나 싫어하는 음식 또는 재료를 얘기하고 菜單을 짜 달라고 하면 된다.
이때 술을 포함한 음료수만 현장에서 별도 주문하면 된다.

■ 일반적으로 Full Course는 冷菜(appetizer 성격으로 6~8가지의 小菜로 구성), 熱菜(maindish), 湯, 主食(밥, 국수, 빵, 만두 등), 舌甘點(dessert)으로 구성, 실제 10여개 코스, 흔히 한국식으로 冷菜에 속하는 6~8가지의 小菜까지 포함한다면 약 20여개 코스.

■ 이렇게 전문가가 짠 菜單을 보면 몇 가지 원칙이 있음을 알 수 있다. 재료, 요리방법이 중복 되지 않고, 음양이 조화를 이루 듯 식물성 재료와 동물성 재료가 조화를 이루고, 음식 맛과 요리의 색깔이 어느 한 방향의 맛이나 색에 치우치지 않고, 심지어 그릇과 담는 모양에도 신경을 많이 쓰고 있다.

■ 세트 메뉴가 있거나, 인원이 많다면 매니저에게 일임하면 되지만, 그렇지 않은 경우 기본적인 원칙은 우선 어느 계통의 요리를 먹을 것인가부터 선정하는데, 이는 대체로 어느 식당을 택할 것인가 와도 일치한다. 일단 계통이 선정되면 冷菜, 熱菜, 湯, 主食, 디저트 등 요리의 구성을 염두에 두고, 사람 숫자에 따라 몇 가지를 주문할 것인가를 정한다.

03 중국 식당

■ 중국식당에 가면 우선 종업원들이 차를 내놓는다. 중국은 물이 좋지 않아 차 문화가 발달되었다. 물은 음료수처럼 따로 주문하여 마셔야 된다.

■ 중국인들은 담배를 즐겨 피기 때문에 일반식당에 가면 금연석이 따로 있지 않다. 대부분의 식당에선 흡연을 하고 있으며 젊은이와 노인이 함께 담배를 피는 것이 예의에 어긋나지 않는다.

■ 중국요리는 세계적으로 유명하지만 향이 진하고 느끼한 중국음식으로 며칠씩 식사를 하다보면 대부분의 사람들이 음식이 맞지 않아 고생을 하게 된다.

※ 좌석 배열

정식 연회일 경우 좌석배열은 HOST와 Co-HOST가 마주보고 앉고 HOST의 오른쪽에 주빈이, 왼쪽에 2번째 주빈이, Co-HOST의 오른쪽에 제3, 왼쪽에 제4 주빈이 앉도록 되어 있으며, 일반적으로 HOST의 자리는 입구에서 가장 먼 안쪽에 위치하나, 불명확할 때는 식탁용 앞수건(NAPKIN) 의 접음 모양이 다른 것에 비해 높거나 특이한 자리가 HOST의 자리다. 초대를 받았을 때는 초청자 측에서 자리를 안내할 때까지 기다렸다가 앉는 것이 좋으며, 초대를 할 때는 미리 상대방의 서열을 확인, 자리를 안내 하도록 하여야 한다.

※ 음주 방법

정식의 연회에서는 제일 작은 잔(白酒잔), 중간 잔(포도주잔), 큰 잔(음료 또는 맥주 잔) 등 3개의 잔이 있으며, 술을 권하는 사람과 동일한 잔을 들고 마셔야 하며, 乾杯(깐뻬이)라 함은 잔을 끝까지 비우는 것으로 한국식 건배와 달라서 주의를 요한다. 술을 권할 때는 대상을 지정하고, 무슨 무슨 목적 또는 이유로 마시자고 한마디 하고 마시는 것이 일반적이다.

※ 도구이용시 유의사항

중국요리에 사용되는 수저와 공용 수저를 잘못 사용하는 법이 많다. 수저는 움푹한 금속제와 소형 사기수저가 사용되는데 소형 사기 수저는 개인용으로 음식을 먹는데 사용되고, 금속제 움푹한 수저는 공용의 요리를 개인의 접시에 옮기는데 사용된다

MEMO

Eating Out
좋은 레스토랑 찾기

이 근처에 한국 식당이 있습니까?

这附近有韩国餐厅吗?

Zhè fùjìn yǒu Hánguó cāntīng ma? 저 푸진 요 한구어 찬팅 마

이 부근에 좋은 식당 하나를 소개해 주십시요.

请介绍一个附近的高级餐厅

Qǐng jièshào yí ge fùjìn de gāojí cāntīng
칭 지에샤오 이거 푸진 더 까오지 찬팅

예, 저쪽 편에 하나 있습니다.

在那边有一个

Zài nà biān yǒu yí ge 짜이 나비엔 요 이거

예약을 해야 하나요?

需要预定吗?

Xūyào yùdìng ma? 쒸야오 위딩 마

거기는 어떻게 가야 하나요?

去那里怎么走?

Qù nà li zěnme zǒu? 취 나리 전머 조우

그 식당은 정장을 해야 하나요?

那个餐厅需要穿西装吗?

Nà ge cāntīng xūyào chuān xīzhuāng ma?
나거 찬팅 쒸야오 추안 시쥬앙 마

식사

음식값이 저렴한 곳을 소개해 주세요.

请介绍价格便宜的餐厅

Qǐng jièshào jiàgé piányi de cāntīng 칭 지에샤오 지아거 피엔이 더 찬팅

중국 요리를 잘 하는 곳을 소개해 주세요.

请介绍有名的中国餐厅

Qǐng jièshào yǒumíng de Zhōngguó cāntīng
칭 지에샤오 요밍 더 쭝구어 찬팅

전통음식을 하는 식당을 소개해 주세요.

请介绍中国传统的餐厅

Qǐng jièshào Zhōngguó chuán tǒng de cān tīng
칭 지에샤오 쭝구어 추안통 더 찬팅

간단한 중국요리를 먹고 싶어요.

我想吃简单的中国菜

Wǒ xiǎng chī jiǎndān de Zhōngguócài 워 씨앙 츠 지엔딴 더 쭝구어 차이

배가 고파요. 식사하러 가요.

我饿死了，去吃饭吧

Wǒ è sǐ le, qù chīfàn ba 워 어스 러, 취 츠판 바

이 근처에 편의점이 있나요?

这儿附近有便利店吗?

Zhèr fùjìn yǒu biànlì diàn ma? 쩔 푸진 요 러에 뻬엔리 띠엔 마

Eating Out

예약하기

7시에 3인용 좌석을 예약하고 싶은데요.

我想预定7点，3人座位

Wǒ xiǎng yùdìng qī diǎn, sān rén zuòwèi
워 씨앙 위딩 치 디엔, 싼 런 쭈오웨이

세 분요. 성함을 말씀해 주시겠어요?

3位，请告诉姓名

Sān wèi, qǐng gàosu xìngmíng 싼 웨이, 칭 까오수 씽밍

길동입니다. 가능하면 무대 근처로 자리를 부탁합니다.

我叫吉东，可以的话，请给我离舞台比较近的座位

Wǒ jiào Jídōng, kěyǐ de huà, qǐng gěi wǒ lí wǔtái bǐjiào jìn de zuòwèi
워 찌아오 지둥, 커이 더 화, 칭 게이 워 리 우타이 비찌아오 진 더 쭈오웨이

저 혼자입니다.

我一个人

Wǒ yí ge rén 워 이 거 런

몇 분이시죠?

请问几位?

Qǐng wèn jǐ wèi 칭원 지웨이

일행이 4명입니다.

一行4人

Yìxíng sì rén 이씽 스 런

식사

연락처는 어디입니까?

请留下联系方式

Qǐng liú xià liánxì fāngshì 칭 류씨아 리엔시 팡쓰

캐피탈 호텔 205호 입니다.

凯比特饭店205号房间

Kǎibǐtè fàndiàn èr líng wǔ hào fángjiān
카이비터 판디엔 얼링우 하오 팡지엔

식사

흡연석으로 주세요. / 금연석으로 주세요.

我要吸烟座 / 禁烟座

Wǒ yào xīyānzuò/jìnyānzuò 워 야오 씨옌쭈오 / 찐옌쭈오

몇 시까지 영업하나요?

到几点开门?

Dào jǐ diǎn kāi mén? 따오 지디엔 카이먼

여행 필수단어

냅킨	餐巾纸	cānjīnzhǐ 찬진즈
컵	杯子	bēizi 뻬이즈
숟가락	勺子	sháozi 샤오즈
접시	碟子	diézi 디에즈
젓가락	筷子	kuàizi 콰이즈
식탁	餐桌	cānzhuō 찬쭈오
메뉴	菜单	càidān 차이단
의자	椅子	yǐzi 이즈

Eating Out
입구에서

7시에 예약을 했는데요. 제 이름은 길동입니다.

我预定7点的，我叫吉东

Wǒ yùdìng qī diǎn de, wǒ jiào Jí dōng
워 위딩 치 디엔 더, 워 찌아오 지동

이리로 오시지요. 마음에 드십니까?

请到这里来, 您满意吗?

Qǐng dào zhè li lái, nín mǎnyì ma? 칭 따오 쩌리 라이, 닌 만이 마

예, 좋군요. 감사합니다.

是的，还不错，谢谢

Shìde, hái bú cuò,xièxie 쓰더, 하이부추오, 씨에씨에

예약하셨습니까?

已经预定了吗?

Yǐjing yùdìng le ma? 이징 위딩 러 마

예약하지 않았습니다.

没有预定

Méi yǒu yùdìng 메이요 위딩

아니오. 그렇지만 3사람이 앉을 자리가 있습니까?

没有，有3个人的座位吗?

Méi yǒu, yǒu sān ge rén de zuòwèi ma? 메이요, 요 싼거런 더 쭈오웨이 마

식사

식사

알겠습니다. 몇 분만 기다리시면 됩니다.

知道了，请等几分钟

Zhīdào le, qǐng děng jǐ fēn zhōng　쯔다오 러, 칭 덩 지펀 중

지금은 빈자리가 없습니다.

現在沒有空位

Xiànzài méi yǒu kōng wèi　씨엔짜이 메이요 콩 웨이

조용한 자리로 부탁합니다.

请给我安静的座位

Qǐng gěi wǒ ānjìng de zuòwèi　칭 게이 워 안징 더 쭈오웨이

창가 쪽의 자리로 주세요.

请给我靠窗的座位

Qǐng gěi wǒ kào chuāng de zuòwèi　칭 게이 우 카오 추앙 더 쭈오웨이

룸이 있나요?

有房子吗?

Yǒu fángzi ma?　요 팡즈 마

좀 더 큰 테이블 없나요?

有没有更大的桌子?

Yǒu méi yǒu gēng dà de zhuōzi?　요메이요 껑 따 더 쭈오즈

의자 하나 더 없나요?

可以加一个椅子吗?

Kěyǐ jiā yí ge yǐzi ma?　커이 지아 이커 이즈 마

Eating Out
주문하기

메뉴를 보여주십시오.

请给我菜单

Qǐng gěi wǒ càidān 칭 게이 워 차이단

영어 메뉴판은 있습니까?

有英文菜单吗?

Yǒu Yīngyǔ càidān ma? 유 잉 윈 차이 단 마

그림이 있는 메뉴판을 주세요.

请给我有照片的菜单

Qǐng gěi wǒ yǒu zhàopiàn de càidān 칭 게이 워 요 짜오피엔 더 차이단

주문하시겠습니까?

要点菜吗?

Yào diǎn cài ma? 야오 디엔 차이 마

중국 술 작은 병으로 주세요.

请给我小瓶中国酒

Qǐng gěi wǒ xiǎo píng Zhōngguójiǔ 칭 게이 워 시아오 핑 쫑구어 지우

매운 것은 무엇이 있습니까?

有什么辣的菜?

Yǒu shénme là de cài? 요 션머 라 더 차이

김치 있습니까?

有泡菜吗?

Yǒu pàocài ma? 요 파오차이 마

김치는 없습니다.

没有泡菜

Méi yǒu pàocài 메이요 파오차이

음식을 추천해 주세요.

请推荐菜

Qǐng tuījiàn cài 칭 퉤이찌엔 차이

소고기나 돼지고기 요리로 추천해 주세요.

请推荐牛肉或猪肉菜

Qǐng tuījiàn niúròu huò zhūròu cài 칭 퉤이찌엔 니우로우 호우 주로우 차이

이 요리의 재료는 무엇입니까?

这道菜的材料是什么?

Zhè dào cài de cáiliào shì shénme? 저 따오 차이 더 차이리아오 쓰 션머

모두 얼마입니까?

一共多少钱?

Yígòng duōshao qián? 이꽁 뚜오샤오 치엔

계산해 주십시오.

请结账

Qǐng jiézhàng 칭 지에장

차 한 잔 더 주세요.

请再来一杯茶

Qǐng zài lái yì bēi chá 칭 짜이라이 이 베이 차

냉수를 주세요.

请给我冰水

Qǐng gěi wǒ bīngshuǐ 칭 게이 워 삥 쉐이

고추장 있습니까?

有辣椒酱吗?

Yǒu làjiāojiàng ma? 요 라지아오 찌앙 마

식사

여행 필수단어

간장	酱油	jiàng yóu 찌앙요우
소금	盐	yán 옌
후춧가루	胡椒	hú jiāo 후찌아오
볶다	炒	chǎo 차오
끓이다	煮	zhǔ 주
냉장하다	冷藏	lěngcáng 렁짱
튀기다	炸	zhá 짜
굽다	烤	kǎo 카오
삶다	煮	zhǔ 주
생것	生的	shēng de 셩더
얇게 저미다	切薄片	qiē bópiàn 치에보피엔
찌다	蒸	zhēng 쩡

Eating Out
계산하기

식사

계산서를 주십시오.

请结账

Qǐng jiézhàng 칭 지에짱

모두 얼마입니까?

一共多少钱?

Yígòng duōshao qián? 이꽁 뚜오샤오 치엔

봉사료가 포함된 것인가요?

包括服务费吗?

Bāokuò fúwùfèi ma? 빠오쿠오 푸우페이 마

이 (신용)카드로 계산할 수 있나요?

可以用这个信用卡结帐吗?

Kěyǐ yòng zhè ge xìnyòngkǎ jiézhàng ma? 커이 용 쩌거 신용카 지에짱 마

여행자 수표도 되나요?

旅行支票也可以吗?

Lǚxíng zhīpiào yě kěyǐ ma? 뤼씽 즈비아오 예 커이 마

영수증을 주십시오.

请给我收据

Qǐng gěi wǒ shōujù 칭 게이 워 쇼쥐

거스름돈이 틀립니다.

你找错钱了

Nǐ zhǎo cuò qián le 니 쟈오 추오 치엔 러

계산이 틀립니다.

算错了

Suàn cuò le 쑤안 추오 러

각자 지불합시다.

各人自己付钱吧

Gèrén zìjǐ fùqián ba 거런 쯔지 푸 치엔 바

내가 지불하겠습니다.

我来付

Wǒ lái fù 워 라이 푸

참 맛있었습니다.

很好吃

Hěn hǎo chī 흔 하오 츠

이쑤시개 있나요?

有牙签吗?

Yǒu yáqiān ma? 요 야치엔 마

Eating Out

술집에서

중국 명주는 무엇입니까?

有什么中国名酒?

Yǒu shénme Zhōngguó míngjiǔ? 요 션머 쭝구어 밍지우

한 잔씩 파는 중국 술은 무엇이 있습니까?

有什么按杯卖的中国酒?

Yǒu shénme àn bēi mài de Zhōngguójiǔ?
요 션머 안 빼이 마이 더 쭝구어 지우

맥주 한 병 주세요.

请给我一瓶啤酒

Qǐng gěi wǒ yì píng píjiǔ 칭 게이 워 이핑 피지우

한국인들은 술잔을 돌립니다.

韩国人转酒杯

Hánguórén zhuǎn jiǔbēi 한구오런 쭈안 지우빼이

한 잔 더 주세요.

再来一杯

Zài lái yì bēi 짜이라이 이 빼이

이것은 얼마입니까?

这个多少钱?

Zhè ge duōshao qián? 쩌거 뚜어샤오 치엔

Eating Out
패스트푸드점에서

가지고 갈 햄버거를 2개 포장해 주세요.

请把两个汉堡包打包

Qǐng bǎ liǎng ge hànbǎobāo dǎ bāo 칭 바 리앙 거 한바오빠오 다 바오

이 그림의 햄버거 1세트 주세요.

请给我这图片的一套汉堡包

Qǐng gěi wǒ zhè túpiàn de yí tào hànbǎobāo
칭 게이워 쩌 투피엔 더 이타오 한바오빠오

진한 커피 주세요.

请给我浓咖啡

Qǐng gěi wǒ nóng kāfēi 칭 게이 워 농 카페이

설탕과 크림을 하나씩 더 주세요.

请再给我一个砂糖和一个奶粉

Qǐng zài gěi wǒ yí ge shātáng hé yí ge nǎifěn
칭 자이 게이 워 이 거 샤탕 허 이 거 나이펀

카페 라테 한 잔 주세요.

请给我一杯牛奶咖啡

Qǐng geǐ wǒ yì beī niúnǎi kāfeī 칭 게이 워 이 뻬이 니우나이 카페이

빨대는 어디 있습니까?

吸管在哪里?

Xīguǎn zài nǎli? 씨관 짜이 나리

식사

식사

휴지통은 어디 있습니까?

垃圾箱在哪里?

Lājīxiāng zài nǎ li? 라지씨앙 짜이 나리

햄버거 하나와 콜라 작은 것 하나 주십시오.

请给我一个汉堡包和一杯小可乐

Qǐng gěi wǒ yí ge hànbǎobāo hé yì bēi xiǎo kělè
칭 게이 워 이거 한바오빠오 허 이 뻬이 씨아오 커러

여기서 먹고 갈 겁니다.

我要在这里吃

Wǒ yào zài zhè li chī 워 야오 짜이 쩌리 츠

이 근처에 맥도날드 있나요?

这儿附近有麦当劳吗?

Zhèr fùjìn yǒu Màidāngláo ma? 쩔 푸진 요 마이땅라오 마

이 근처에 스타벅스 있나요?

这儿附近有星巴克吗?

Zhèr fùjìn yǒu Xīngbākè ma? 쩔 푸진 요 씽바커 마

콜라는 리필이 되나요?

可以再加可乐吗?

Kěyǐ zài jiā kělè ma? 커이 짜이 지아 커러 마

06

관광

Sightseeing

관 광

01 중국 CHINA

중국은 하나의 국가라고 말하기에는 너무나도 큰 다양성을 지닌 나라이다. 중국인이라는 하나의 이름 안에는 56개의 서로 다른 문화를 가진 민족들을 품고 있으며 5000년이 넘는 장구한 역사 속에는 수많은 나라들이 거쳐갔다. 세계의 유산으로도 여겨지고 있는 만리장성이나 자금성, 병마용 등은 이러한 유서 깊은 역사의 빛나는 유적들이다. 21세기로 들어 오면서 중국은 공산국가로 대표되는 구 시대적 이미지를 벗어버리고 있다. 이제 그들은 세계 최대의 인적 자원과 광대한 국토 그 땅에서 나오는 물질적 자원들을 엎고 세계 최강의 국가를 꿈꾸고 있는 것이다. 세계의 중심을 뜻하는 '중화'를 실현 시키려는 듯하다.

★국명: 중화인민공화국(中華人民共和國)

★국기: 오성홍기(붉은 바탕에 왼쪽 윗부분에 황색으로된 큰 별 하나를 4개의 작은 별이 둘러 싸고 있는 도안)

★수도: 북경(北京, 베이징)

★면적: 960만㎢ (한반도의 44배, 세계 3위, 남한면적의 약100배)

★인구: 14억 2,567만 1,352명(2023. 12월 기준)

★언어: 표준어 – 普通話(푸통화)

★공휴일: 元旦(위엔단/신정 설: 1.1), 春節(춘지에/음력 1.1), 국제부녀절(3.8), 노동절(5.1), 청년의 날(5.4), 국제 어린이날(6.1), 중국 공산당 창당일(7.1), 중국 인민 해방군 건군일(8.1), 국경절(10.1)

★**주요 지도자:** 국가 주석겸 당 총서기, 국가 중앙군사위원회 주석- 习近平(시진핑, Xijinping)

★**지형:** (섬+산+강)
전체적으로 서고동저형을 띠고 있으며 산이 전 국토의 33.3%를 차지하고 있고 고원지대가 26%, 분지가 18.8%, 평야가 12%, 언덕이 9.9%를 이루고 있다.

★**섬:** 총 5400개의 섬이 있으며 타이완 섬(대만)이 약 36,000 square km로 가장 크고, 다음으로 3,4000 square km 의 하이난 섬(해남도)이 2위를 차지한다.

★**산:** 세계에서 해발 7000 미터가 넘는 산이 19개 있는데 그 중 7개가 중국에 있으며 '세계의 지붕'이라 일컬어 지고 있는 히말라야도 중국의 티벳 자치구에 있다. 이 히말라야에는 8,848미터의 세계 최고봉 에베레스트가 있다. 이 외에도 중국에는 황산, 태산, 아미산 등 여러 아름다운 산들이 최고의 관광 자원으로서 많은 사람들에게 사랑받고 있다.

★**강:** 양쯔강은 6,300km 길이로 나일강과 아마존에 이어 세계에서 세번째로 긴 강이면서 중국에서 가장 긴 강으로 장강(長江)이라 불리기도하며 5,464km 길이의 황하는 일찍이 황하문명이 탄생한 원류로 중국에서 두 번째로 긴 강이다. 두 강을 포함한 중국의 대부분의 강은 서고동저의 지형으로 서쪽에서 동쪽으로 흐른다 .

★**기후:** 국토가 넓고 변화가 풍부하므로 기후 역시 한 나라 안에 다양하게 존재한다. 여름기온이 35℃를 넘는 장강연변이 있는가 하면, 겨울기온이 -30°C 까지 내려가는 동북지방도 있다 실크로드 지방에서는 밤낮의 기온 차가 20~ 30℃까지 나기도 한다.

02 중국 관광지 안내

★ 名山

오악(五岳): 동악 태산(泰山), 서악 화산(華山), 남악 형산(衡山), 북악 항산(恒山) 중악 숭산(崇山)

- 4대 불교 영산: 오대산, 아미산, 구화산, 보타산
- 기타 : 장백산(백두산), 황산, 여산, 무이산, 정강산

★ 江

장강(장강삼협지대), 리강, 주강, 전당강

★ 호수

항주의 서호, 무석의 태호, 운남성의 전지와 이해, 흑룡강성의 경박호

★ 해양관광지

청도, 북대하, 하문의 고랑서(鼓浪峨), 해남도의 녹화두(鹿回頭)

★ **북경일대 관광지구**

4개의 봉건왕조의 왕도였던 북경은 역사적 유물이 가장 많다. 북경, 천진, 승덕, 청동릉, 진황도, 대동, 항산, 오대산

★ **볼만한 곳**

고궁, 이화원(황제의 여름 궁전), 원명원(황제의 겨울 궁전), 천단공원(하늘에 제사를 지내는 곳), 만리장성, 명십삼릉, 청동릉, 청서릉, 승덕(피서산장), 외팔묘

★ **소주,항주 관광지구**

원림(園林) 관광지구가 유명하며 명산이 많다. 또한 소주의 졸정원 등 정원, 항주의 서호 남경의 중산릉 및 남경 대학살 박물관, 상해의 와이탄 공원과 상해 잡기(서커스) 등이 유명하다.

소주,항주, 앙주, 무석, 남경, 황산, 구화산, 보타산, 안탕산, 태호, 상해

★ **가장 인기있는 관광도시**

상해, 남경 등은 중국을 여행할 때 반드시 거쳐야 하는 곳이다.

★ **장강삼협, 여산 관광지구**

강서(江西)의 여산(廬山)에서 사천성의 봉절(奉節)을 잇는 지역으로 중국의 4개 성(省)을 포함한다. 장강을 거슬러 올라가면서 산수와 물 흐름의 조화로 장엄함과 수려함을 동시에 느낄 수 있다. 보통 배를 타

고 상해나 남경에서 출발, 장강을 거슬러 올라가면서 여산과 무한(武漢), 동정호(洞庭湖), 무릉원(武陵源), 장강삼협(長江三峽) 등을 여행한다.

★ 사천 명산고적 관광지구와 돈황(敦煌) 관광지구

성도, 중경, 아미산, 낙산, 구체구(九塞溝), 돈황석굴, 맥적산석굴(麥積山石窟), 가욕관, 주천, 투루판, 우루무치 등. 사천 명산고적 관광지구는 자연 경관이 뛰어날 뿐 아니라 인문명승유적지 역시 풍부하여 중국에서 대표적인 관광지로 손꼽히고 있다. 돈황 관광지구는 한국에서는 볼 수 없는 특이한 자연환경과 더불어 2,000여 년 전 동서양을 잇는 비단길로서 역사적인 가치가 있다.

★ 서남지역 석림(石林) 관광지구: 운남, 귀주, 권서

서남지역 석림 관광지구는 많은 소수민족들의 생활양식을 쉽게 접할 수 있다. 광활한 석회암 지형에서 발달된 기이한 풍경 등이 유명하다.

☞ **볼만한 곳 – 계림**(중국 사람들은 계림의 경관이 천하에서 가장 아름답다고 말함)과 **양삭의 산수**(山水), **노남석림**(路南石林), **황과수폭포**, **유주, 곤명**(곤명은 유학생이나 외국 관광객들이 모두 입을 모아 칭찬하는 아름다운 곳)

★ 동남연해 관광지구: 복건성, 권동성, 해남도

낮은 적도지역에 위치해 있어 온화한 날씨와 함께 이국적인 식물들이 무성하게 자라 좋은 관광지로 손꼽힌다. 얼마 전 중국으로 반환된 홍콩과 마카오도 빼놓을 수 없는 관광코스이다.

★ 태산, 명천(名泉) 관광지구

곡부(曲阜), 제남, 청도, 錮觸勞, 황제들이 제사(봉선의식)를 지냈다는 태산(泰山)이 있다. 또 맑은 수질을 자랑하는 명천 등이 많이 분포되어 있다. 곡부의 공묘(孔廟)와 공부(孔府) 공림(孔林), 청도, 태산 등.

★ 동북 명승 관광지구

동북지방의 광활한 지역에 남부의 심양, 대련, 북부의 길림과 흑룡강 등이 유명하다.

한민족의 역사와도 밀접한 지역이며 민족의 영산인 백두산, 항일운동의 중심지, 하얼빈, 윤동주 생가 등이 있다.

☞ **볼만한 곳** – 백두산, 대련(북경보다 현대화가 잘 이루어져 있다), 하얼빈의 '빙등제' 등.

★ 중원 관광지구 : 황하유역의 중, 하류 지역

유명한 고도(古都)들이 많이 있고, 화산과 숭산 등 명산들이 많이 분포되어 있다. 중국문화의 요람.

☞ **볼만한 곳** – 서안, 낙양, 개봉, 화산, 숭산의 소림사 등.

03 중국의 관광명소

※ 중국관광의 압권 '리강'

중국 관광의 하이라이트 중의 하나가 리강 유람이다 이 뱃길 유람은 봄·여름·가을에는 구이린에서 83km 남쪽에 있는 양수어까지 약 8시간을 여행하게 되며, 갈수기인 겨울에는 구이린에서 양디까지 버스로 가서 양수어까지 20km 거리를 약 4시간에 걸쳐 유람하게 된다. 배를 타면 차, 과자 따위를 서비스한다. 배가 나아감에 따라 여행자는 마침내 자신이 한 폭의 산수화 속에 빠져드는 느낌을 갖게 된다.

※ 중국 민주화의 상징, 천안문 광장(天安門廣場 : 티엔안먼꽝창)

북경 시내 한 가운데 자리하고 있는 천안문 광장은 중국 사람들의 드넓은 기개를 대표하는 명소이다.

천안문 광장은 원래 1651년에 설계되었다. 그러다가 1958년에 시멘트로 접합되고 네 배나 큰 현재의 규모를 갖추게 되었다. 그래서 지금 전체 면적이 44만㎡이며, 동시에 백만명을 수용할 수 있어서 세계에서 가장 큰 광장 중의 하나로 꼽힌다. 또한 여러 개의 인상 깊은 건축물들이 주변에 들어서 있다. 광장을 중심으로 해서 북쪽은 자금성으로 들어가는 입구인 천안문, 동쪽은 중국 국가 박물관, 서쪽은 인민 대회당, 그리고 남쪽에는 모택동 기념당이 있다. 광장의 중심에는 중국 인민영웅기념비가 서 있다.
현재 천안문 광장에서 가장 인기있는 볼거리는 해가 뜨는 새벽에 거행되는 국기 게양식이다. 행진곡과 함께 군인들이 정렬하여 나타나 중국 국기인 오성홍기를 게양하는데, 이 의식에 걸리는 시간만 거의 30분 정도 소요된다. 국기 게양 시간과 강하 시간은 매번 조금씩 다른데 그 이유는 넓은 중국 대륙에서 해가 뜨고 지는 자리와 천안문 광장의 지평선이 서로 일치할 때를 계산하여 정하기 때문이라고 한다. 게양식이 거행될 때에는 자전거를 타고 광장을 지나갈 수 없고 대신, 자전거에서 내려 끌고 가는 것은 괜찮다. 해가 어슴프레 뜨는 새벽의 오묘한 기운 속에서 벌어지는 이 작지만 웅장한 의식은 외국인 관광객들 뿐 아니라 북경을 방문한 타지역의 중국인들에게 북경에오면 꼭 놓치지 말아야 할 필수 코스이다.

※ 만리장성

장성은 고대 중국을 대표하는 건물이자, 중화민족의 유구한 역사와 문화적 우수성을 과시한 세계적인 문화유산이다. 서쪽 산해관(山海關)에서 동쪽 가속관까지 무려 12,700리, 6,000km에 이르는 만리장성(萬里長城)은 달에서도 보이는 유일한 인공 구조물로 인간의 힘으로 만들어졌다고 도저히 믿기 어려운 만큼 뛰어난 건축사의 기적이라 할 수 있다.

MEMO

Sightseeing

관광 안내소 이용하기

관광 안내소는 어디에 있습니까?

观光咨询处在哪里?

Guānguāng zīxúnchù zài nǎ li? 꽌 꽝 쯔쉰추 짜이 나리

관광 안내 팜플렛을 주세요.

请给我观光指南小册子

Qǐng gěi wǒ guānguāng zhǐnán xiǎocèzi 칭 게이 워꽌 꽝 즈난 씨아오처즈

이 도시의 지도를 얻고 싶습니다.

我想要这个城市的地图

Wǒ xiǎng yào zhè ge chéngshì de dìtú 워 씨앙 야오 쩌거 청쓰 더 띠투

여기에는 무엇이 볼 만합니까?

这个城市有什么值得看?

Zhè ge chéngshì yǒu shénme zhíde kàn? 쩌 거 청쓰 요 션머 즈더칸

첫 방문입니다.

我是初次来的

Wǒ shì chūcì lái de 워 쓰 추 츠 라이

한국말을 하는 가이드가 있는 관광이 있습니까?

有会说韩国语的导游吗?

Yǒu huì shuō Hánguóyǔ dǎoyóu ma? 요 훼이 수오 한구워 더 다오요 마

사적지가 있습니까?

有名胜古迹吗?

Yǒu míngshèng gǔjì ma? 요 밍셩구지 마

이 성에서는 가이드의 안내가 있습니까?

在这里可以听导游的说明吗?

Zài zhè li kěyǐ tīng dǎoyǒu de shuōmíng ma?
짜이 쩌 리 커이 팅 다오요우 더 수어밍 마

가이드를 고용할 수 있습니까?

可以雇用导游吗?

Kěyǐ gùyòng dǎoyóu ma? 커 이 꾸 용 다오요우 마

여행 필수단어

박물관	博物馆	bówùguǎn 보우관
미술관	美术馆	měishùguǎn 메이수관
동물원	动物园	dòngwùyuán 똥우위엔
식물원	植物园	zhíwùyuán 즈우위엔
탁구	乒乓球	pīngpāngqiú 핑팡치우
농구	篮球	lánqiú 란치우
축구	足球	zú qiú 주치우
테니스	网球	wǎngqiú 왕치우
개관시간	开馆时间	kāiguǎn shíjiān 카이관쓰지엔
폐관시간	闭馆时间	bìguǎn shíjiān 삐관쓰지엔

Sightseeing

시내 관광

시내 관광은 있습니까?

有市内观光吗?

Yǒu shìnèi guānguāng ma? 요 쓰네이 꽌 꽝 마

북경 시내를 관광하고 싶습니다.

我想旅游北京市内

Wǒ xiǎng lǚyóu Běijīng shìnèi 워 씨앙 뤼요 베이징 쓰네이

언제 출발합니까?

什么时候出发?

Shénme shíhou chūfā? 션머쓰호우 추파

어떠한 관광이 있습니까?

都有什么观光?

Dōu yǒu shénme guān guāng? 또 요 션머꽌 꽝

오전 코스가 있습니까?

有在上午中可以看的旅游景点吗?

Yǒu zài shàngwǔzhōng kěyǐ kàn de lǚyóu jǐngdiǎn ma?
요 짜이 샹우 쭝 커이 칸 더 뤼요우 징디엔 마

일인당 얼마입니까?

一个人多少钱?

Yí ge rén duōshao qián? 이 거 런 뚜어샤오 치엔

20위안입니다.

20元

èr shí yuán 얼쓰 위엔

야간 시내 관광도 있습니까?

在夜里可以游览市内吗?

Zài yè li kěyǐ yóulǎn shìnèi ma? 짜이 예리 커이 요란 쓰네이 마

구경할 만한 곳을 알려주세요.

请介绍值得去的地方

Qǐng jièshào zhíde qù de dìfang 칭 찌에샤오 즈더 취 더 띠팡

쇼핑센터에 가고 싶어요.

我想去购物中心

Wǒ xiǎng qù gòuwù zhōngxīn 워 씨앙 취 꼬오우 쫑씬

이 근처에 벼룩시장이 있나요?

这儿附近有跳蚤市场吗

Zhèr fùjìn yǒu tiàozǎo shìchǎng ma? 쩔 푸진 요 티아오자오 쓰창 마

번화가로 가고 싶어요.

我想去大街

Wǒ xiǎng qù dàjiē 워 씨앙 취 따지에

Sightseeing
사진찍기

사진 한 장 찍어주시겠습니까?

能给我照张像吗?

Néng gěi wǒ zhào zhāng xiàng ma? 넝 게이 워 짜오 짱 씨앙 마

여기에서 사진을 찍어도 됩니까?

可以在这里拍照片儿吗?

Kěyǐ zài zhè li pāi zhàopiànr ma? 커이 짜이 쩌리 파이 짜오피얼 마

플래시를 사용해도 됩니까?

可以用闪光灯吗?

Kěyǐ yòng shǎnguāngdēng ma? 커이 용 산꽝떵 마

실례지만 제 사진을 찍어주십시오.

麻烦您，请帮我照张像

Máfan nín,qǐng bāng wǒ zhào zhāng xiàng
마판 닌, 칭 빵 워 짜오 짱 씨앙

이 버튼만 누르면 됩니다.

按这个按钮就可以

àn zhè gè ànniǔ jiù kěyǐ 안 쩌 거 안니우 찌우 커이

함께 찍으시겠어요?

一起照好吗?

Yīqǐ zhào hǎo ma? 이치 짜오 하오 마

이 카메라에 필름을 넣어주시겠어요?

请把胶卷装入照相机

Qǐng bǎ jiāojuǎn zhuāngrù zhàoxiàngjī
칭 바 찌아오 쥐엔 쥬앙루 짜오씨앙지

필름 한 통 주세요.

请给我一个胶卷

Qǐng gěi wǒ yí ge jiāojuǎn 칭 게이 워 이 거 찌아오 쥐엔

일회용 카메라 있나요?

有一次性照相机吗?

Yǒu yícìxìng zhàoxiàngjī ma? 요 이츠씽 짜오씨앙지 마

여행 필수단어

추천	推荐	tuījiàn 퉤이지엔
코닥	柯达	Kēdá 커다
후지	富士	fùshì 푸쓰
흑백	黑白	hēibái 헤이바이
24장	二十四张	èr shí sì zhāng 얼쓰쓰짱
36장	三十六张	sān shí liù zhāng 싼쓰류짱
카메라	照相机	zhàoxiàngjī 짜오씨앙지
사진	照片	zhàopiàn 짜오피엔
필름	胶卷	jiāojuǎn 찌아오쥐엔
플래시	闪光	shǎn guāng 산꽝

Sightseeing
박물관, 미술관

박물관에 관한 팜플렛이 있나요?

有关于博物馆的介绍吗?

Yǒu guānyú bówùguǎn de jièshào ma? 요 꽌 위 보우관 더 지에샤오 마

입장료가 얼마예요?

门票多少钱?

Ménpiào duōshao qián? 먼 피아오 뚜어샤오 치엔

한국어로 된 팜플렛이 있습니까?

有韩国语的介绍小册子吗?

Yǒu Hánguóyǔ de jièshào xiǎocèzi ma?
요 한구어위 더 지에샤오 시아오처즈 마

여기에 그림엽서 있어요?

有绘画明信片吗?

Yǒu huìhuà míngxìnpiàn ma? 요 회화 밍씬피엔 마

안에서 사진 찍어도 돼요?

在这里可以拍照片儿吗?

Zài zhè li kěyǐ pāi zhàopiānr ma? 짜이 쩌리 커이 파이 짜오피얼 마

가이드가 있습니까?

有导游吗?

Yǒu dǎoyóu ma? 요 다오요 마

Sightseeing

미장원에서

염색해 주세요.

请给我染头发

Qǐng gěi wǒ rǎn tóufà　칭 게이 워 란 토우파

헤어 스타일 책이 있으면 보여주세요.

请给我看看发型设计书

Qǐng gěi wǒ kànkan fàxíng shèjìshū　칭 게이 워 칸칸 파씽 셔지 수

이 사진처럼 내 머리 좀 잘라 주실 수 있어요?

可以像这个照片一样剪吗?

Kěyǐ xiàng zhè ge zhàopiàn yíyàng jiǎn ma?
커이 씨앙 쩌거 짜오피엔 이양 지엔 마

요금은 얼마입니까?

收费多少钱?

Shōufèi duōshao qián?　쇼페이 뚜어샤오 치엔

유행하는 머리로 해 주세요.

请给我做时髦的发型

Qǐng gěi wǒ zuò shímáo de fàxíng　칭 게이 워 쭈오 쓰마오 더 파씽

파마 해주세요.

我要烫发

Wǒ yào tàng fà　워 야오 탕 파

Sightseeing

이발소에서

이 근처에 이발소가 있는지 말씀해 주세요.

这附近有理发店吗?

Zhè fùjìn yǒu lǐfàdiàn ma? 쩌 푸진 요 리파디엔 마

어떻게 해드릴까요?

要做什么样的发型?

Yào zuò shénme yàng de fàxíng 야오 쭈오 션머양 더 파씽

약간만 쳐주세요.

稍微剪一下

Shāowēi jiǎn yíxià 샤오웨이 지엔 이씨아

이발과 면도를 부탁합니다.

请给我理发和刮脸

Qǐng gěi wǒ lǐfà hé guāliǎn 칭 게이 워 리파 허 꽈리엔

얼마입니까?

多少钱?

Duōshao qián? 뚜어샤오 치엔

팁까지 포함된 것입니까?

包括小费吗?

Bāokuò xiǎofèi ma? 빠오쿠오 시아오 페이 마

Sightseeing

영화관, 공연장

경극을 보고싶습니다.

我想看京剧

Wǒ xiǎng kàn jīngjù 워 씨앙 칸 찡쥐

경극을 하는 곳은 어디입니까?

演京剧的地方在哪里?

Yǎn jīngjù de dìfang zài nǎ li?
옌 찡쥐 더 띠팡 짜이 나리

상영시간이 어떻게 되죠?

演多长时间?

Yǎn duōcháng shíjiān 옌 뚜어창 쓰지엔

두 시간 상영입니다.

演两个小时

Yǎn liǎng ge xiǎoshí 옌 량 거 씨아오쓰

중국식 오페라 '경극'

중국의 전통적 극 형태이며, 중국인의 문화생활 가운데서 가장 폭넓은 영향력을 가진다. 많은 희곡 중에서 북경지역에서 출현하여 발전한 경극이 가장 널리 유행되고 있으며, 중국 희곡 예술의 특색을 잘 표현하고 있다고 할 수 있다. 한의, 중국화와 함께 중국의 3대 국수(國粹)로 불린다.

출연진이 누구입니까?

演员是谁?

Yǎnyuán shì shéi? 옌위엔 쓰 쉐이

지금 들어가도 됩니까?

可以现在进去吗?

Kěyǐ xiànzài jìnqù ma? 커이 씨엔짜이 진취 마

아이들 표는 얼마죠?

儿童票是多少钱?

értóngpiào shì duōshao qián? 얼통 피아오 쓰 뚜오샤오 치엔

좌석 좀 바꿀 수 있겠습니까?

可以换座位吗?

Kěyǐ huàn zuòwèi ma? 커이 환 쭈오웨이 마

이 자리 비어 있습니까?

这是个空位吗?

Zhè shì ge kòng wèi ma? 쩌 쓰 거 콩웨이 마

좌석이 매진되었습니다.

座位坐满了

Zuòwèi zuò mǎn le 쭈오웨이 쭈오 만 러

입구는 어디입니까?

门口在哪里?

Ménkǒu zài nǎ li? 먼코우 짜이 나리

몇 시부터 시작합니까?

几点开始?

Jǐ diǎn kāishǐ? 지·디엔 카이쓰

중국 기예단의 공연장은 어디입니까?

中国技艺团演的地方在哪里?

Zhōngguó jìyìtuán yǎn de dìfang zài nǎ li?
쫑구어 찌이투안 옌 더 띠팡 짜이 나리

팜플렛이 있습니까?

有介绍小册子吗?

Yǒu jièshào xiǎocèzi ma? 요 지에샤오 씨아오 처즈 마

가장 싼 자리로 주십시오.

给我价格最便宜的座位

Gěi wǒ jiàgé zuì piányi de zuòwèi 게이 워 찌아거 쮀 이 피엔이 더 쭈오웨이

가장 잘 보이는 좌석으로 주세요.

请给我最好的座位

Qǐng gěi wǒ zuì hǎo de zuòwèi 칭 게이 워 쮀 이 하오 더 쭈오웨이

중국 서커스를 보고 싶어요.

我想看中国杂技

Wǒ xiǎng kàn Zhōngguó zájì 워 씨앙 칸 쫑구어 자찌

가장 싼 표는 얼마인가요?

最便宜的票多少钱?

Zuì piányi de piào duōshao qián? 쮀 이 피엔이 더 피아오 뚜어샤오 치엔

오늘 공연은 너무 훌륭했어요.

今天的表演真好

Jīntiān de biǎoyǎn zhēn hǎo 찐티엔 더 비아오옌 쩐 하오

Sightseeing
스포츠 즐기기

어느 팀이 경기하고 있습니까?

哪个队正在比赛?

Nǎ ge duì zhèngzài bǐsài? 나 거 뛔이 쩡짜이 비싸이

입장료가 얼마예요?

门票多少钱?

Ménpiào duōshao qián? 먼 피아오 뚜어샤오 치엔

지금 몇 회입니까?

现在是第几回?

Xiànzài shì dì jǐ huí? 씨엔짜이 쓰 띠 지 훼이

지금 표를 살 수 있나요?

现在能买到票吗?

Xiànzài néng mǎi dào piào ma? 씨엔짜이 넝 마이따오 피아오 마

가장 싼 자리 한 장 주세요.

给我一张最便宜的票

Gěi wǒ yì zhāng zuì piányi de piào 게이 워 이 짱 쮀 이 피엔이 더 피아오

먹을 것을 가지고 들어가도 되나요?

可以带吃的东西进去吗?

Kěyǐ dài chī de dōngxi jìnqù ma? 커이 따이 츠 더 똥시 진취 마

전 중국 농구팀의 팬입니다.

我是中国篮球队迷

Wǒ shì Zhōngguó lánqiúduìmí 워 셔 쭝구어 란치우뛔이 미

수영장이 어디 있습니까?

游泳场在哪里?

Yóuyǒngchǎng zài nǎ li? 요용창 짜이 나리

수영복을 빌릴 수 있을까요?

可以借游泳衣吗?

Kěyǐ jiè yóuyǒngyī ma? 요용창 짜이 나리

골프를 하고 싶어요.

我想打高尔夫球

Wǒ xiǎng dǎ gāoěrfūqiú 워 씨앙 다 까오얼푸 치우

골프채를 빌리고 싶어요.

我想借高尔夫球球杆

Wǒ xiǎng jiè gāoěrfūqiú qiúgān 워 씨앙 지에 까오얼푸 치우 치우깐

어떤 운동을 좋아하세요?

你喜欢做什么体育活动?

Nǐ xǐhuan zuò shénme tǐyù huódòng? 니 씨환 쭈오 션머 티위후오똥

07

쇼핑

Shopping

01 쇼핑센터 찾기
02 판매장에서
03 옷 가게에서
04 신발 가게에서
05 물건값을 깎을 때
06 계산할 때
07 교환과 환불

쇼 핑

01 중국 돈

중국 돈은 위조 지폐가 많아 상인들이나 모든 곳에서 철저히 확인도 하고 100위안 짜리를 받길 꺼려 하므로, 잔돈을 준비하여 여행의 불편함을 줄이도록 하자.

- 1펀(=분)
  지폐로 중국의 최소 단위로 거의 사용 안함. 우리 돈 1원 50전 정도. 1(分) X10=1자오(角) = 1마오(毛: 일반 구어체 호칭)

- 1자오(=마오): 지폐와 동전 두 종류.
  일반적으로 '마오(毛)'로 불리며 1X10=1위안(元=콰이)
  도. 1(分) X10=1찌아오(角) = 1마오(毛: 일반 구어체 호칭)

- 2자오: 지폐로 우측 조선족 한복이 인상적임.

- 5자오: 지폐와 동전 두 종류 .

- 1위안(=콰이): 중국 동전과 지폐 두 종류 .

- 2위안: 지폐.

- 5위안(콰이): 지폐, 택시를 탈 때 가장 필요함.

- 중국은 지역마다 택시 기본요금이 달라 시내를 기준으로 한다. 도문: 3위안, 연길·단동: 5위안, 심양: 7위안, 청도: 7위안, 상해: 10위안

- 5위안(콰이): 지폐, 택시를 탈 때 가장 필요함.

- 10위안(콰이): 지폐 신권과 구권이 병행 사용중. 중국에서 가장 많은 위조지폐가 돌며 특히, 야간에 택시타고 50, 100위안을 낼 경우 한 두 장은 받을 수 있다. 말씨와 인상에서 외지인으로 여기면 거의 위조 지폐를 끼워 거슬러 준다.

- 20위안(콰이): 최근에 발행된 신권임.

- 50위안(콰이): 지폐 신권과 구권이 병행 사용중.

- 100위안(콰이): 지폐 신권과 구권이 병행 사용중.

02 쇼핑할 만한 것

★ 골동품

1796년 청나라 건륭제 이전의 것으로 생각되는 것은 전부 외국으로 반출되지 않는다.
상품은 중국의 특산품들이 대부분이다. 실크류, 자기류, 보석류,

한방 약품류 등이 진열되어 있는데, 어느 도시에나 있다. 서화일 경우 특히 명품인 것은 중화민국 시기의 것도 반출금지이다. 상점이나 전문점에서 파는 물건 중에는 반출이 되는 것에는 붉은 도장이 찍힌 라벨이 붙어 있으므로 살펴보고 산다. 출국할 때 세관심사에서 영수증 제출을 요구할 때도 있으므로 반드시 영수증을 지참한다.

★ 한방약

중국은 한방약의 본고장이다. 한방약의 종류는 매우 많지만 일반적인 약제 외에는 구입할 때 전문의(중의)의 처방을 받은 뒤 사는 것이 좋다. 자양강장제로 봉왕정(蜂王精), 고혈압 등에 우황청심환(牛黃淸心丸), 간염 등에 편자광(片뮤廣), 지혈이나 진통에 운남백약(雲南白藥) 등을 많이 산다. 처방하는 방법이 까다로운 면이 있을 수 있으므로 약을 살 때는 약사 등의 주의를 잘 들어보고 산다.

★ 문방사우

중국에서 쇼핑할 것 중 빼놓을 수 없는 물품 중의 하나가 이것들이다. 서도에 필요한 먹(墨), 붓(筆), 종이, 그리고 벼루(硯) 등이다. 이 중에서 주로 벼루와 붓을 사게 되는데, 벼루의 주요 산지는 광둥성의 완시(端溪)이고 붓은 저장성의 호필(湖筆)이 유명하다. 종이로는 안후이성의 선지(宣紙), 아선지(雅仙紙) 등이 유명하다.

★ 도장재료

인감 도장 등에 쓰이는 고급 재료도 중국에서 선호하는 쇼핑 물품 중의 하나이다.
수정이나 호목석(虎目石), 마노석(馮瑞石: 석영 중의 하나), 계혈석 鷄血石) 등의 돌재료가 특히 유명하다. 이중에서 계혈석은 저장성(抵江省)이 주산지로 붉은색의 돌이 섬세한 빛깔을 내는 것이 일품이다.
도장재료정에는 이름을 새기는 기술자가 있어서 직접 이름도 새길 수 있다. 보통 1~2일이면 완성된다.

★ 공예품

도자기는 징더전(景德鎭)자기나 베이징(北京)의 경태람(景泰藍)이라고 하는 칠보자기가 유명하다. 그리고 장쑤성(江蘇省)의 자사(紫砂)도 유명한 자기 중의 하나이다.
자수는 쑤저우(蘇州), 청두滅都), 창사(長沙), 산터우(油頭) 등지의 것이 유명하며, 특히 쑤저우의 양면자수는 앞뒤로 모두 그림이 되는 것이 신기하여 많은 사람들이 즐겨 찾는다.

★ 차

차도 중국에서 쇼핑하는 인기있는 품목 가운데 하나이다. 살 때는 대개 차 전문점이나 본고장에서 사는 것이 좋다. 차의 종류는 중국의 요리 부분을 참고하도록 한다.

여행 필수단어

골동품점	古董店	gǔdǒngdiàn 구똥디엔
서점	书店	shūdiàn 수디엔
약국	药店	yàodiàn 야오디엔
백화점	百货商店	bǎihuòshāngdiàn 바이후오샹디엔
꽃가게	花店	huādiàn 화디엔
시장	市场	shìchǎng 쓰창
슈퍼마켓	超级市场	chāojíshìcháng 차오지 쓰창
식료품점	副食店	fùshídiàn 푸쓰디엔
양장점	西装店	xīzhuāngdiàn 씨쥬앙디엔
전기제품 수리점	电器修理店	diànqì xiūlǐdiàn 디엔치 씨우리 디엔
신발가게	鞋店	xiédiàn 씨에디엔
안경점	眼镜店	yǎnjìngdiàn 옌찡디엔
여행기념품점	旅游纪念品商店	lǚyóu jìniànpǐn shāngdiàn 뤼요우 지니엔핀 샹디엔
문구점	文具商店	wénjù shāngdiàn 원쥐 샹디엔
체육용품상점	体育用品商店	tǐyù yòngpǐn shāngdiàn 티위용핀 샹디엔
완구점	玩具商店	wánjù shāngdiàn 완쥐 샹디엔

Shopping

쇼핑센터 찾기

이 도시에서 가장 큰 백화점은 어디입니까?

这城市最大的商店在哪里?

Zhè chéngshì zuì dà de shāngdiàn zài nǎ li?
저 청쓰 쮀 이 따 더 샹디엔 짜이 나리

이 거리에는 상점이 어디쯤 있습니까?

这条街上，在哪里有商店?

Zhè tiáo jiē shàng, zài nǎ li yǒu shāngdiàn?
쩌 티아오 지에 샹, 짜이 나리 요 샹디엔

~를 사려고 하는데 어디로 가면 좋습니까?

我想买~, 要去哪里?

Wǒ xiǎng mǎi~, yào qù nǎ li? 워 시앙 마이 ~, 야오 취 나리

면세점이 어디 있습니까?

免税店在哪里?

Miǎnshuìdiàn zài nǎ li? 미엔 쒜이 띠엔 짜이 나리

재래시장은 어디쯤 인가요?

自由市场在哪里?

Zìyóu shìchǎng zài nǎ lǐ? 쯔요 쓰창 짜이 나리

실례합니다. 완구 매장 좀 알려주세요.

请问，玩具店在哪里?

Qǐng wèn, wán jù diàn zài nǎ lǐ? 칭원, 완쥐디엔 짜이 나리

Shopping
판매장에서

이것은 얼마입니까?

这个多少钱?

Zhè ge duōshao qián? 쩌거 뚜어샤오 치엔

~을 사고 싶습니다.

我想买~

Wǒ xiǎng mǎi~ 워 시앙 마이~

이것으로 하겠습니다.

我就要这个了

Wǒ jiù yào zhè ge le 워 찌우 야오 쩌거 러

봐도 됩니까?

可以看看吗?

Kěyǐ kànkan ma? 커이 칸칸 마

~를 파는 곳은 어디인가요?

卖~的地方在哪里?

Mài~ de dìfang zài nǎ li? 마이 ~더 띠팡 짜이 나리

인형을 보고 싶습니다만

我想看娃娃

Wǒ xiǎng kàn wáwa 워 씨앙 칸 와와

Shopping
옷 가게에서

다른 색깔도 있습니까?

有别的颜色吗?

Yǒu bié de yánsè ma? 요 비에 더 옌써 마

다른 디자인도 있습니까?

有别的样子吗?

Yǒu bié de yàngzi ma? 요 비에 더 양즈 마

이 옷을 입어봐도 될까요?

可以试一试吗?

Kě yǐ shìyishì chuān ma? 커이 쓰이쓰 마

중국 전통의상을 보여주세요.

请给我看看中国传统服装

Qǐng gěi wǒ kànkan Zhōngguó chuántǒng fúzhuāng
칭 게이 워 칸칸 쭝구어 추안퉁 푸쥬앙

이 옷 좀 고칠 수 있습니까?

这个衣服可以改吗?

Zhè ge yīfu kěyǐ gǎi ma? 쩌 거 이푸 커이 가이 마

옷감은 무엇입니까?

这个衣服用什么衣料做的?

Zhè ge yīfu yòng shénme yīliào zuò de?
쩌 거 이푸 용 션머 이리아오 쭈오 더

속옷은 어디서 팝니까?

内衣在哪里卖?

Nèiyī zài nǎ li mài? 네이 이 짜이 나리 마이

더 밝은 색을 보여주시겠어요?

请给我看看颜色浅一点的?

Qǐng gěi wǒ kànkan yánsè qiǎn yì diǎn de
칭 게이 워 칸칸 옌써 치엔 이디엔 더

이것보다 더 작은(큰) 것은 없어요?

有没有比这个小(大)一点的?

Yǒu méiyǒu bǐ zhè ge xiǎo(dà) yì diǎn de?
요메이요 비 쩌거 씨아오 (따) 이디엔 더

탈의실이 어디 인가요?

更衣室在哪里

Gēng yī shì zài nǎ lǐ? 껑이쓰 짜이 나리

제 사이즈 좀 재주세요.

请量我的尺寸

Qǐng liáng wǒ de chǐcùn 칭 리앙 워 더 츠춘

이것들은 진품인가요?

这是真的吗?

Zhè shì zhēnde ma? 쩌 쓰 쩐더 마?

이 옷은 이미테이션인가요?

这衣服是模仿的吗?

Zhè yīfu shì mófǎng de ma? 쩌 이푸 쓰 모팡더 마

Shopping

신발 가게에서

이 구두 신어봐도 됩니까?

可以试一试这双鞋吗?

Kěyǐ shìyishì zhè shuāng xié ma? 커이 쓰이쓰 쩌 쑤앙 씨에 마

저 구두가 얼마죠?

那双鞋多少钱?

Nà shuāng xié duōshao qián? 나 쑤앙 씨에 뚜어샤오 치엔

이 구두로 제 발에 맞는 것을 주세요.

请给我大小合适的这个式样的鞋

Qǐng gěi wǒ dàxiǎo héshì de zhè ge shìyàng de xié
칭 게이 워 따씨아오 허쓰 더 쩌거 쓰양 더 시에

상점 카탈로그를 통해 이 구두 주문할 수 있어요?

可以看产品目录订货吗?

Kěyǐ kàn chǎnpǐn mùlù dìnghuò ma? 커이 칸 찬핀무루 띵 후오 마

구두가 좀 작습니다.

这皮鞋有点儿小

Zhè píxié yǒu diǎnr xiǎo 쩌 피씨에 요디얼 씨아오

다른 것도 보여주세요.

请给我看看别的

Qǐng gěi wǒ kànkan bié de 칭 게이 워 칸칸 비에 더

쇼핑

구두가 약간 큽니다.

这鞋有点大

Zhè xié yǒu diǎnr dà 쩌 시에 요디엔 따

이 구두로 7사이즈로 주세요.

请给我这式样的7号鞋

Qǐng gěi wǒ zhè shìyàng de qī hào xié 칭 게이 워 쩌 쓰양 더 치 하오 씨에

발이 편한 신발 있나요?

有没有舒服的鞋?

Yǒu méi yǒu shūfu de xié? 요메이요 수푸 더 씨에

굽이 높은 신발을 보여주세요.

请给我看看高跟鞋

Qǐng gěi wǒ kànkan gāogēnxié 칭 게이 워 칸칸 까오껀씨에

신사화도 있나요?

有没有男子皮鞋?

Yǒu méi yǒu nánzǐ píxié? 요메이요 난즈 피씨에

Shopping

물건값을 깎을 때

깎아 주시겠습니까?

能便宜一点吗?

Néng piányi yìdiǎn ma? 넝 피엔 이디엔 마

너무 비쌉니다.

太贵了

Tài guì le 타이 꿰이 러

싸게 해주면 하나 더 살게요.

要是便宜一点的话，我就再买一个

Yào shì piányi yìdiǎn de huà, wǒ jiù zài mǎi yí ge
야오쓰 피엔 이디엔 더 화, 워 찌우 짜이 마이 이거

더 깎아 주시면 살게요.

再便宜一点的话，我就买

Zài piányi yìdiǎn de huà, wǒ jiù mǎi 짜이 피엔 이디엔 더 화, 워 찌우 마이

조금 더 싼 것으로 보여주세요.

我要看看稍微便宜一点的

Wǒ yào kànkan shāowēi piányi yìdiǎn de
워 야오 칸칸 샤오웨이 피엔 이디엔 더

비싸서 못 사겠어요.

太贵了，买不起

Tài guì le, mǎi bu qǐ 타이 꿰이 러, 마이 뿌 치

Shopping

계산할 때

여행자 수표로 지불할 수 있습니까?

可以用旅行支票付款吗?

Kěyǐ yòng lǚxíng zhīpiào fùkuǎn ma? 커이 용 뤼씽즈피아오 푸쿠안 마

이 신용카드를 사용할 수 있습니까?

可以用这个信用卡吗?

Kěyǐ yòng zhè ge xìnyòng kǎ ma? 커이 용 쩌거 씬용카 마

영수증을 주십시오.

请给我收据

Qǐng gěi wǒ shōujù 칭 게이 워 쇼쥐

그럼 이것으로 주세요.

那么给我这个吧

Nàme, gěi wǒ zhè ge ba 나머 게이 워 쩌거 바

안 깨지게 포장해 주세요.

请小心包装

Qǐng xiǎoxīn bāozhuāng 칭 씨아오 씬 빠오쥬앙

선물 할거니까, 포장해 주세요.

我要送礼物, 请包装

Wǒ yào sòng lǐwù, qǐng bāozhuāng 워 야오 쑹 리우, 칭 빠오쥬앙

한국 돈도 가능합니까?

可以用韩国钱吗?

Kěyǐ yòng Hánguóqián ma? 커이 용 한구어 치엔 마

카드로 하겠습니다.

我用信用卡

Wǒ yòng xìnyòngkǎ 워 용 신용카

잔돈이 틀립니다.

你找错钱了

Nǐ zhǎo cuò qián le 니 쟈오 추오 치엔 러

이곳은 정찰제입니까?

这里是价钱划一不二吗?

Zhè li shì jiàqián huáyìbúèr ma? 쩌리 쓰 지아치엔 화이부얼 마

교환이나 환불은 며칠 이내에 와야 합니까?

到几天内可以抵换或者退还?

Dào jǐ tiān nèi kěyǐ dǐhuàn huòzhě tuìhuán?
따오 지티엔네이 커이 디환 후어저 퉤이환

배달이 가능한가요?

可以送达吗?

Kěyǐ sòng dá ma? 커이 쏭다 마

쇼핑

Shopping

교환과 환불

다른 것으로 바꿔주세요.

请给我换别的

Qǐng gěi wǒ huàn bié de 칭 게이 워 환 비에 더

이것을 반품할 수 있습니까?

这个可以退货吗?

Zhè ge kěyǐ tuìhuò ma? 쩌거 커이 퉤이 후오 마

환불해 주세요.

我要退货

Wǒ yào tuìhuò 워 야오 퉤이후오

더 큰 사이즈로 주세요.

请给我大一点的

Qǐng gěi wǒ dà yìdiǎn de 칭 게이 워 따 이디엔 더

불량입니다. 바꿔주세요.

是次品, 请换别的

Shì cìpǐn, qǐng huàn bié de 쓰 츠핀, 칭 환 비에 더

다른 물건으로 바꿀 수 있나요?

可以换别的吗?

Kě yǐ huàn bié de ma? 커이 환 비에 더 마

08

기타 장소

Post Offices / Bank

Post Offices
우체국에서

우체국을 찾고 있어요.

我要找邮局

Wǒ yào zhǎo yóujú 워 야오 자오 요쥐

편지를 한국으로 보낼 겁니다.

我要向韩国寄信

Wǒ yào xiàng Hánguó jìxìn 워 야오 씨앙 한구어 지씬

우표는 어디서 삽니까?

邮票在哪里卖?

Yóupiào zài nǎ li mài? 요피아오 짜이 나리 마이

봉투는 어디서 살 수 있습니까?

在哪里能买到信封?

Zài nǎ li néng mǎi dào xìnfēng? 짜이 나리 넝 마이따오 씬펑

이 편지를 한국으로 보내는데 얼마 듭니까?

向韩国寄信多少钱?

Xiàng Hánguó jìxìn duōshao qián? 씨앙 한구어 지 씬 뚜어샤오 치엔

이 편지를 등기로 보내주세요.

我要把这封信挂号

Wǒ yào bǎ zhè fēng xìn guàhào 워 야오 바 쩌 펑 씬 꾸아하오

이 소포를 비행기 편으로 부치고 싶습니다.

我想用航空寄包裹

Wǒ xiǎng yòng hángkōng jì bāoguǒ 워 씨앙 용 항콩 지 빠오구오

한국까지 며칠이면 도착합니까?

到韩国需要几天?

Dào Hánguó xūyào jǐ tiān? 따오 한구어 쒸야오 지티엔

소포의 내용물을 써 주세요.

请填写包裹里的东西

Qǐng tiánxiě bāoguǒ li de dōngxi 칭 티엔 씨에 빠오구오 리 더 똥시

일주일 정도 걸립니다.

需要一个星期左右

Xū yào yí ge xīngqī zuǒyòu 쒸야오 이거 씽치 주오요우

이것은 어떤 물건인가요?

这是什么东西?

Zhè shì shénme dōngxi? 쩌 쓰 션머 똥시

의류에요.

是衣服

Shì yīfu 쓰 이푸

소포에 보험을 드시겠어요?

包裹要保险吗?

Bāoguǒ yào bǎoxiǎn ma? 빠오구오 야오 바오씨엔 마

Banks

은행에서

오늘 환율은 얼마죠?

今天的汇率多少?

Jīntiān de huìl? duōshao? 진티엔 더 훼이뤼 뚜어샤오

은행 마감 시간이 지났습니다.

银行下班了

Yínháng xià bān le 인항 씨아빤 러

여행자 수표를 중국 화폐로 바꾸고 싶어요.

我想把旅行支票换成人民币

Wǒ xiǎng bǎ lǚxíng zhīpiào huànchéng Rénmínbì
워 씨앙 바 뤼싱 즈피아오 환청 런민삐

현금 자동지급기는 어디 있죠?

自动取款机在哪里?

Zìdòng qǔkuǎnjī zài nǎ li? 쯔동취쿠안지 짜이 나리

얼마를 입금시키시겠습니까?

要存入多少钱?

Yào cúnrù duōshao qián? 야오 춘루 뚜어샤오 치엔

이 수표를 현금으로 바꾸어 주세요.

请把这些支票换成现金

Qǐng bǎ zhè xiē zhīpiào huànchéng xiànjīn
칭 바 쩌 씨에 즈 피아오 환청 씨엔진

송금을 좀 하고 싶은데요.

我想汇款

Wǒ xiǎng huìkuǎn 워 씨앙 훼이 쿠안

한국에서 송금을 기다리고 있습니다.

我在等从韩国汇来的汇款

Wǒ zài děng cóng Hánguó huì lái de huìkuǎn
워 짜이 덩 총 한구어 훼이 라이 더 훼이 콴

송금 수수료는 얼마입니까?

汇款的汇费多少钱?

Huìkuǎn de huìfèi duōshao qián? 훼이쿠안 더 훼이페이 뚜어샤오 치엔

잔돈도 섞어 주세요.

请给我一点零钱

Qǐng gěi wǒ yìdiǎn língqián 칭 게이 워 이디엔 링치엔

신용카드로 현금서비스 받을 수 있나요?

用信用卡可以提现金吗?

Yòng xìnyòng kǎ kěyǐ tí xiànjīn ma 용 씬용카 커이 티 씨엔진 마

은행 마감시간은 언제인가요?

银行几点关门?

Yínháng jǐ diǎn guānmén? 인항 지디엔 꽌 먼

MEMO

09

여행SOS

Emergency

01 분실사고

여행자들이 모이는 지역이나 대도시에는 언제나 사고의 위험이 도사리고 있다. 특히 물가가 싸서 여행자들이 많이 찾는 동남아 국가들이나 인도, 동유럽, 터키, 이집트 등은 처음 도착하는 순간부터 긴장을 늦추지 말아야 한다. 이들 지역에서는 가능하면 빨리 공항이나 기차역을 빠져나가는게 좋다.

카메라 같은 물건은 여행자 보험을 통해 소액이라도 보상을 받을 수 있지만 현금은 도난당하면 한 푼도 보상받을 수 없으니 특히 주의해야 한다. 현금이나 귀중품은 언제나 안주머니 속에 넣어 보관하고 숙소에서는 소지품 관리를 철저히 하며 화장실에 갈 때도 절대 방심해서는 안된다.

■ 여권 분실

① 분실시 먼저 영사관(TEL 6532-6775 ~ 6)에 가서 분실신고를 해야한다

② 공안국(경찰기관)에 신고해 분실 사실을 알린다.

③ 영사관 전산시스템으로 신분을 확인한 후 통지해 준다.

④ 영사와 간단한 면담을 한 후 재발급 날짜를 받는다.

⑤ 여권을 다시 재발급 받는다.

• 구비서류

여권재발급 신청서, 신원조회서 3매, 신분증명서, 여권용사진 6매

• 여권을 재발급 받는 일은 많은 시간을 허비해야 하기 때문에 항상 여권을 잘 간수한다. 임시 여권을 신청한 경우에는 더 빨리 발급 받을 수 있다. 여권을 매매하는 범죄가 늘어가고 있기 때문에 여권 재발급이 갈수록 힘들어 지고 있다. 학생과 같이 신분이 확실한 경우 재발급 받는 시간이 많이 단축되기는 하지만 그래도 2달은 걸리는 것이 보통이다.

■ 소지품 분실

해외여행 중 지갑, 가방 등 소지품 분실은 대부분 자신의 부주의에 의해 생긴다. 분실을 방지하기 위하여 현금을 많이 지참하지 않도록 하고 부득이하게 현금을 많이 지참했을 때는 호텔의 안전금고(Safety Box)에 보관한다. 관광 여행시에는 지갑 등 소지품은 허리띠 가방(Belt Sack)에 넣고 다닌다. 공항 기차역, 호텔 로비, 관광지 등은 사고 다발 지역이므로 항상 경계해야 한다.

■ 항공권 분실

항공권을 분실하였다면 발급 항공사의 지점이나 영업소를 찾아가 재발급 신청을 한다. 발권 항공사의 지점(영업소)이 없을 때는 탑승 항공사의 지점을 찾는다.

항공권 분실에 대비 발급 일자, 항공권 번호 등을 적어 둔다.

경우에 따라 재발급시 2~3일, 만약 주말이나 휴일이 겹칠 경우 1주일 가량 소요되기도 한다. 출발 일시가 급한 여행자는 새로 티켓을 구입하고 분실로 사용하지 않은 항공권은 귀국 후 환불 받는 방법을 택한다.

■ 여행자 수표와 신용카드의 분실

사인이 되어 있지 않은 여행자 수표(Traveler's Check)나 신용카드(Credit Card)는 습득자가 사용할 수 있다.

고액 수표를 갖고 나가거나 불필요하게 많은 카드를 지참하면 분실의 위험 부담이 크다.

미리 여행자 수표 발급 신청서 사본을 지참한다. 고액 대신 소액권을 발급 받는다. 은행창구에서 수령 즉시 소지자란(Holder's)에 여권 사인과 같은 사인을 한다.

카드는 전세계적으로 통용되는 카드 한 두개만 소지한다. 사고에 대비 수표 번호나 카드 참고 사항을 적어 호텔에 남겨둔다. 분실 시 먼저 국내 카드 발급사에 분실 신고를 하는 것이 가장 빠른 조치다. 다음에 현지 카드 가맹은행에 분실 신고를 한다.

02 해외범죄

세계 각국에서 한국인 여행자들을 대상으로 한 범죄가 늘고 있어 각별한 주의가 요망된다. 한국인 여행자가 해외에서 가장 많이 당하는 범죄는 재산피해들인데 대부분 1인 또는 2~3 인 등에 의해 조직적, 계획적으로 저질러지는 범죄들이다.

※ 주요 범죄 유형

- 바꿔치기(가방류 등을 대상)
- 소매치기(지갑, 여권을 대상)

- 낚아채기(카메라, 핸드백 등을 대상)
- 속여 가로채기(일명 네다바이 사기)
- 강도(금전 , 경우에 따라 상해를 입히거나 목숨을 대상으로도 함)
- 테러(특정국에서는 정치, 보상금을 목적으로 함)

03 재외 한국 대사관

외교부는 외국을 여행하는 국민의 안전을 위해 여행경보, 위기상황별 대처 매뉴얼, 재외공관 연락처 등 각종 정보를 제공하는 애플리케이션 서비스와 메신저 상담 서비스를 제공하고 있다.

+애플리케이션

앱스토어(애플), 플레이스토어(안드로이드) : 해외안전여행 국민외교(MOFA)를 다운 받아 설치

+영사콜센

카카오톡 상담 서비스 : 카카오 채널에서 '영사콜센터' 채널 검색 후 친구추가›채팅하기 선택하여 상담

응급상황

위챗 상담 서비스 : 중국 등에서 많이 사용하는 위챗을 통해 상담 서비스 제공.
위챗 검색창에서 미니 프로그램 클릭 후 'KoreaMofa1' 검색 › 영사콜센터 미니 프로그램 선택하여 상담

라인 상담 서비스 : 일본, 태국, 대만 등 아시아 지역에서 널리 사용되는 라인 메신저를 통해 상담 서비스 제공.
라인 채널에서 '영사콜센터' 공식계정 검색 친구추가 › 대화 선택하여 상담

*재외공관 연락처 검색

+인터넷
외교부 재외공관 정보
https://www.mofa.go.kr/www/pgm/m_4179/uss/emblgbd/emblgbdAdres.do

+모바일
외교부 › 대한민국 재외공관 › 190 재외공관 누리집

응급상황 관련단어

머리	头	tóu 토우
코	鼻子	bízi 비즈
턱	下巴	xiàba 씨아바
이마	额头	étou 어토우
이	牙齿	yá chǐ 야츠
귀	耳朵	ěrduo 얼두오
목	颈	jǐng 징
눈	眼睛	yǎnjing 옌징
입	嘴	zuǐ 쮀이
어깨	肩膀	jiānbǎng 지엔방
팔	胳臂	gēbei 거베이
손	手	shǒu 쇼우
배	肚子	dùzi 두즈
유방	乳房	rǔ fáng 루팡
발가락	脚趾	jiǎozhǐ 찌아오즈
발목	脚腕子	jiǎowànzi 찌아오완즈
장딴지	腿肚	tuǐdù 퉤이두
넓적다리	大腿	dàtuǐ 따퉤이
무릎	膝盖	xīgài 씨가이
발	脚	jiǎo 찌아오
다리	腿	tuǐ 퉤이
팔꿈치	肘子	zhǒuzi 조우즈

SOS

MEMO

Emergency
응급상황

여권(신용카드)**을 분실했어요.**

护照(信用卡)丢了

Hùzhào(xìnyòngkǎ) dīu le 후짜오(씬용카) 띠우 러

지갑(여행자 수표)**을 분실했어요.**

钱包(旅行支票)丢了

Qián bāo(lǚxíng zhīpiào) dīu le 치엔빠오(뤼씽즈피아오) 띠우 러

기차(버스, 지하철, 택시)**에 가방을 두고 내렸어요.**

我把包忘在火车(公共汽车/地铁/出租车)上了

Wǒ bǎ bāo wàng zài huǒchē(gōnggòngqìchē/dìtiě/chūzūchē) shàng le
워 바 빠오 왕짜이 후오처 (꽁꽁치처/띠티에/추주처) 샹 러

소매치기 당했어요.

被偷去了

Bèi tōu qù le 베이 토우 취 러

경찰서(파출서)**가 어디 있습니까?**

公安局(派出所)在哪里?

Gōng'ānjú(pàichūsuǒ) zài nǎ li? 꽁안쥐 (파추수오) 짜이 나리

경찰서(파출서)**에 전화해 주세요.**

请给公安局(派出所)打电话

Qǐng gěi gōng'ānjú(pàichūsuǒ) dǎ diànhuà
칭 게이 꽁안쥐 (파추수오) 다 띠엔화

SOS

한국대사관에 연락해 주세요.

请跟韩国大使馆联系

Qǐng gēn Hánguó dàshǐguǎn liánxì 칭 껀 한구어 따쓰관 리엔씨

분실증명서를 주세요.

请给我丢失证明书

Qǐng gěi wǒ dīushī zhèngmíngshū 칭 게이 워 띠우쓰 쩡밍수

재발행은 언제 됩니까?

什么时候再发行？

Shénme shíhou zài fāxíng? 선머 쓰호우 짜이 파씽

분실물센터는 어디입니까?

丢物招领处在哪儿？

Dīuwù zhāolǐngchù zài nǎr? 띠우 우 짜오링추 짜이 날

SOS

이 전화번호로 연락해 주세요.

请打这个电话

Qǐng dǎ zhè ge diànhuà 칭 다 쩌거 띠엔화

한국어 하는 분을 불러주세요.

请叫会说韩国语的人来

Qǐng jiào huì shuō Hánguóyǔ de rén lái
칭 찌아오 훼이 수오 한구어위 더런 라이

도와주세요.

请帮助我

Qǐng bāngzhù wǒ 칭 빵주 워

불이 났어요.

着火了

Zháo huǒ le 자오 후오 러

교통사고가 났어요.

发生交通事故了

Fāshēng jiāotōngshìgù le 파셩 찌아오통 쓰꾸 러

자동차가 고장났어요.

汽车发生故障了

Qìchē fāshēng gùzhàng le 치처 파셩 꾸장 러

도둑이야.

有小偷儿

Yǒu xiǎotōur 요 씨아오 톨

병원에 데려다 주세요.

请带我去医院

Qǐng dài wǒ qù yīyuàn 칭 따이 워 취 이위엔

의사를 불러주세요.

请叫医生

Qǐng jiào yīshēng 칭 찌아오 이셩

도와주세요.

这里痛

Zhè li tòng 쩌리 통

설사를 합니다.

拉肚子

lādùzi 라 뚜즈

이 약은 어떻게 복용합니까?

这药怎么服?

Zhè yào zěnme fú? 쩌 야오 전머 푸

임신하였습니다.

怀孕了

Huáiyùn le 화이 윈 러

알레르기 체질입니다.

是过敏性体质

Shì guòmǐnxìng tǐzhì 셔 꾸오민씽 티즈

SOS

저는 당뇨병이 있어요.

我有糖尿病

Wǒ yǒu tángniàobìng 워 요 탕니아오삥

저는 고혈압이 있어요.

我有高血压

Wǒ yǒu gāoxuèyā 워 요 까오쒸에야

감기에 걸린 거 같아요.

我感冒了

Wǒ gǎnmào le 워 간마오 러

10

Supplement

01 가격말하기 / 서수
02 숫자 말하기
03 물건의 세기
04 월, 요일
05 일, 주, 달, 년
06 때, 계절
07 시간의 표현
08 호칭
09 대명사
10 의문사, 간단한 형용사
11 여행 필수단어

가격 말하기 / 서수

0.01위안	一分	yì fēn 이펀
01.위안	一毛	yì máo 이마오
1위안	一块	yí kuài 이콰이
10위안	十块	shí kuài 쓰콰이
20위안	二十块	èr shí kuài 얼쓰콰이
50위안	五十块	wǔ shí kuài 우쓰콰이
100위안	一百块	yì bǎi kuài 이바이콰이
1000위안	一千块	yì qiān kuài 이치엔콰이
150위안	一百五十块	yì bǎi wǔ shí kuài 이바이 우쓰콰이
105위안	一百零五块	yì bǎi líng wǔ kuài 이바이 링 우콰이
1050위안	一百零五十块	yì bǎi líng wǔ shí kuài 이바이 링 우쓰콰이
첫째	第一	dì yī 띠이
둘째	第二	dì èr 띠얼
셋째	第三	dì sān 띠산
넷째	第四	dì sì 띠스
다섯째	第五	dì wǔ 띠우-
여섯째	第六	dì liù 띠류
일곱째	第七	dì qī 띠치
여덟째	第八	dì bā 띠빠
아홉째	第九	dì jiǔ 띠지우
열째	第十	dì shí 띠쓰

숫자 말하기

1	一	yī 이
2	二	èr 얼
3	三	sān 산
4	四	sì 스
5	五	wǔ 우-
6	六	liù 류
7	七	qī 치
8	八	bā 빠
9	九	jiǔ 지우
10	十	shí 쓰
20	二十	èr shí 얼쓰
30	三十	sān shí 싼쓰
40	四十	sì shí 쓰쓰
50	五十	wǔ shí 우쓰
60	六十	liù shí 류쓰
70	七十	qī shí 치쓰
80	八十	bā shí 빠쓰
90	九十	jiǔ shí 지우쓰
100	一百	yì bǎi 이바이
1000	一千	yì qiān 이치엔

물건의 세기

1층	一层	yì céng 이청
2층	二层	èr céng 얼청
3층	三层	sān céng 산청
4층	四层	sì céng 쓰청
5층	五层	wǔ céng 우청
6층	六层	liù céng 류청
7층	七层	qī céng 치청

한 번	一次	yí cì 이츠
두 번	二次	èr cì 얼츠
세 번	三次	sān cì 산츠
네 번	四次	sì cì 스츠
다섯 번	五次	wǔ cì 우츠
여섯 번	六次	liù cì 류츠
일곱 번	七次	qī cì 치츠
여덟 번	八次	bā cì 빠츠
아홉 번	九次	jiǔ cì 지우츠
열 번	十次	shí cì 쓰츠
몇 번	几次	jǐ cì 지츠

월, 요일

1월	一月	yī yuè 이위에
2월	二月	èr yuè 얼위에
3월	三月	sān yuè 싼위에
4월	四月	sì yuè 쓰위에
5월	五月	wǔ yuè 우위에
6월	六月	liù yuè 류위에
7월	七月	qī yuè 치위에
8월	八月	bā yuè 빠위에
9월	九月	jiǔ yuè 지우위에
10월	十月	shí yuè 쓰위에
11월	十一月	shí yī yuè 쓰이위에
12월	十二月	shí èr yuè 쓰얼위에

일요일	星期日/星期天	xīngqīrì/xīngqītiān 씽치러/씽치티엔
월요일	星期一	xīngqīyī 씽치이
화요일	星期二	xīngqīèr 씽치얼
수요일	星期三	xīngqīsān 씽치산
목요일	星期四	xīngqīsì 씽치쓰
금요일	星期五	xīngqīwǔ 씽치우
토요일	星期六	xīngqīliù 씽치류

부록

일, 주, 달, 년

1일	一天	yì tiān 이티엔
2일	两天	liǎng tiān 량티엔
3일	三天	sān tiān 싼티엔
4일	四天	sì tiān 스티엔
5일	五天	wǔ tiān 우티엔
6일	六天	liù tiān 류티엔
7일	七天	qī tiān 치티엔
8일	八天	bā tiān 빠티엔
9일	九天	jiǔ tiān 지우티엔
10일	十天	shí tiān 쓰티엔

지난주	上个星期	shàng ge xīngqī 샹거씽치
이번 주	这个星期	zhè ge xīngqī 쩌거씽치
다음 주	下个星期	xià ge xīngqī 씨아거씽치
지난달	上个月	shàng ge yuè 샹거위에
이번 달	这个月	zhè ge yuè 쩌거위에
다음 달	下个月	xià ge yuè 씨아거위에
작년	去年	qùnián 취니엔
올해	今年	jīnnián 찐니엔
내년	明年	míngnián 밍니엔

때, 계절

아침	早晨	zǎochén 자오천
점심	中午	zhōngwǔ 쭝우
저녁	晚上	wǎnshang 완샹
오전	上午	shàng wǔ 샹우
오후	下午	xià wǔ 씨아우
오늘	今天	jīn tiān 찐티엔
어제	昨天	zuó tiān 주오티엔
내일	后天	hòu tiān 호우티엔
오늘 아침	今天早晨	jīntiān zǎochén 찐티엔자오천
오늘 밤	今天晚上	jīntiān wǎnshang 찐티엔완샹
밤	夜里	yè li 예리
그저께	前天	qián tiān 치엔티엔
봄	春天	chūntiān 춘티엔
여름	夏天	xiàtiān 씨아티엔
가을	秋天	qiūtiān 치우티엔
겨울	冬天	dōngtiān 똥티엔

부록

시간의 표현

지난주	上一周	shàng yī zhōu 샹이쪼우
이번 주	这一周	zhè yī zhōu 쩌이쪼우
다음 주	下一周	xià yī zhōu 씨아이쪼우
지난달	上个月	shàng ge yuè 샹거위에
이달	这个月	zhè ge yuè 쩌거위에
다음 달	下个月	xià ge yuè 씨아거위에
매일	每天	měitiān 메이티엔
매주	每周	měi zhōu 메이쪼우
매달	每月	měi yuè 메이위에
매년	每年	měi nián 메이니엔
올해	今年	jīn nián 찐니엔
내년	来年	lái nián 라이니엔
후년	后年	hòu nián 호우니엔
10분	十分	shí fēn 쓰펀
20분	二十分	èr shí fēn 얼쓰펀
30분	三十分	sān shí fēn 싼쓰펀
1시간	一个小时	yí ge xiǎoshí 이거시아오쓰
2시간	两个小时	liǎng ge xiǎoshí 량거시아오쓰
3시간	三个小时	sān ge xiǎoshí 싼거시아오쓰

호칭

모르는 어른 남자(Mr)	先生	xiānsheng 씨엔셩
아는 어른 남자	성+先生	성+xiānsheng 성+씨엔셩
남자 노인	老先生	lǎoxiānsheng 라오 씨엔셩
여자 노인	老太太	lǎotàitai 라오 타이타이
모르는 여자, 종업원	小姐	xiǎojiě 시아오지에
아는 여자	성+小姐	성+xiǎojiě 성+시아오지에
부인	太太	tàitai 타이타이
종업원, 택시 운전기사	师傅	shīfu 쓰푸
아가씨, 처녀	姑娘	gūniang 꾸니앙
꼬마	小朋友	xiǎo péng you 씨아오펑요

친구	朋友	péngyou 펑요
부모	父母	fùmǔ 푸무
아들	儿子	érzi 얼즈
딸	女儿	nǚér 뉘얼
형제	兄弟	xiōng dì 씨옹띠
자매	妹妹	mèimei 메이메이
여사	女士	nǚshì 뉘쓰
남자	男子	nánzǐ 난즈
여자	女子	wǒmen 뉘즈

부록

대명사

나	我	wǒ 워
우리	我们	wǒmen 워먼
너	你	nǐ 니
너희	你们	nǐmen 니먼
그	他	tā 타
그들	他们	tāmen 타먼
그녀	她	tā 타
그녀들	她们	tāmen 타먼
이	这	zhè 쩌
이것	这个	zhè ge 쩌거
그	那	nà 나
그것	那个	nà ge 나거
어느	哪	nǎ 나아
어느 것	哪个	nǎ ge 나아거
여기	这里	zhè li 쩌리
이쪽	这边	zhè biān 쩌비엔
저기	那里	nà li 나리
저쪽	那边	nà biān 나비엔

의문사, 간단한 형용사

무슨 일	什么事儿	shénme shìr 선머셜
언제	什么时候	shénme shíhou 션머쓰호우
누구	谁	shéi 쉐이
어디	哪里	nǎ li 나리
어느 것	哪个	nǎ ge 나거
왜(어째서)	为什么	wèishénme 웨이션머
어떻게	怎么	zěnme 쩐머
얼마나	多少	duōshao 뚜오샤오
무엇(무슨)	什么	shénme 션머
무슨 의미	什么意思	shénme yìsi 션머이스
무슨 물건	什么东西	shénme dōngxi 션머똥씨
어디(무슨 지방)	什么地方	shénme dìfang 션머띠팡

길다	长	cháng 창
짧다	短	duǎn 두안
거칠다	粗	cū 추
부드럽다	柔软	róu ruǎn 로우루안
넓다	广	guǎng 광
좁다	窄	zhǎi 쟈이
두껍다	厚	hòu 호우
얇다	薄	bó 보

여행 필수단어

ㄱ

가게	商店	shāngdiàn 상띠엔
가격	价格	jiàgé 찌아거
가구	家具	jiājù 지아쥐
가까운	近	jìn 찐
가능성	可能性	kě néng xìng 커넝씽
가다	去	qù 취
가루	粉	fěn 펀
가르치다	教	jiāo 찌아오
가방	包	bāo 빠오
가벼운	轻	qīng 칭
가수	歌手	gēshǒu 꺼쇼우
가스	煤气	méiqì 메이치
가슴	胸部	xiōng bù 씨옹뿌
가을	秋天	qiūtiān 치우티엔
가져오다	拿来	ná lái 나라이
가족	家人	jiā rén 찌아른
간식	零食	língshí 링쓰
간호사	护士	hù shì 후쓰
갈색	棕色	zōngsè 종써
갈아타다	换乘	huànchéng 환청
감기	感冒	gǎn mào 간마오
감사하다	感谢	gǎn xiè 간씨에
감자	马铃薯	mǎ líng shǔ 마링수

값비싼	贵	guì 꿰이
값싼	便宜	piányi 피엔이
강	江	jiāng 지앙
강도	强盗	qiángdào 치앙따오
갚다	还	huán 환
개	狗	gǒu 고우
개인	个人	gèrén 꺼런
개인용품	个人用品	gèrén yòngpǐn 꺼른용핀
개찰구	开口	kāi kǒu 카이코우
거리(길)	路	lù 루
거리 요금제	里程计费制	lǐchéngjìfèizhì 리청지페이쯔
거스름돈	找钱	zhǎo qián 자오치엔
거절하다	拒绝	jùjué 쮜쥐에
거짓말	谎言	huǎngyán 황옌
건강	健康	jiànkāng 찌엔캉
건널목	路口	lù kǒu 루코우
건전지	电池	diànchí 띠엔츠
건조한	干	gān 깐
걷다	走	zǒu 조우
검사	检查	jiǎnchá 지엔차
검은	黑	hēi 헤이
게	螃蟹	pángxiè 팡씨에
게시판	公告板	gōnggàobǎn 꽁까오반

겨울	冬天	dōngtiān 똥티엔
견본	样品	yàngpǐn 양핀
견인차	拖车	tuōchē 투오처
결심하다	下定决心	xiàdìng juéxīn 씨아딩 쥐에씬
결정	决定	juédìng 쥐에띵
경고	警告	jǐnggào 징까오
경기장	比赛场	bǐsàichǎng 비싸이창
경마	赛马	sàimǎ 싸이마
경영	经营	jīngyíng 징잉
경제	经济	jīngjì 징지
경주	赛跑	sàipǎo 싸이파오
경찰	警察	jǐngchá 징차
경치	风景	fēngjǐng 펑징
경험하다	经历	jīnglì 징리
계단	楼梯	lóutī 지에탄
계좌	户头	hùtóu 후토우
계란 프라이	炒鸡蛋	chǎojīdàn 차오지단
계산 / 계산서	结账	jiézhàng 지에짱
계속하다	继续	jìxù 찌쉬
계약	合同	hétóng 허통
계절	季节	jìjié 찌지에
계획	计划	jìhuà 찌화
고급	高级	gāojí 까오지

사전

고구마 地瓜 dìguā 띠과

고기 肉 ròu 로우

고려하다 考虑 kǎolǜ 카오뤼

고민 苦恼 kǔnǎo 쿠나오

고소공포증 高处恐惧症 gāochù kǒngjùzhèng 까오추 콩쥐쩡

고속도로 高速公路 gāosùgōnglù 까오수 공루

고속버스 长途汽车 chángtúqìchē 창투 치처

고양이 猫 māo 마오

고열 高烧 gāoshāo 까오샤오

고장나다 坏 huài 화이

고추장 辣椒酱 làjiāojiàng 라지아오 찌앙

고추가루 辣椒粉 làjiāofěn 라지펀

고향 老家 lǎojiā 라오지아

고혈압 高血压 gāoxuèyā 까오쉬에야

곤충 昆虫 kūnchóng 쿤총

골동품 古董 gǔdǒng 구동

골절 骨折 gǔzhé 구저

골프 高尔夫球 gāoěrfūqiú 까오얼푸치우

공중의 / 공공의 公共 gōnggòng 꽁꽁

공부하다 学习 xuéxí 쉬에시

공사(대규모 사업) 工程 gōngchéng꽁청

공식적인 正式 zhèngshì 쩡쓰

공손한 谦恭 qiāngōng 치엔꽁

공업	工业	gōng yè 꽁예
공연	公演	gōngyǎn 꽁옌
공원	公园	gōngyuán 꽁위엔
공장	工厂	gōngchǎng 꽁창
공중전화	公用电话	gōngyòng diànhuà 꽁용디엔화
공중 화장실	公用卫生间	gōngyòng wèishēngjiān 꽁용웨이셩지엔
공항	机场	jīchǎng 지창
공항행 버스	机场巴士	jīchǎng bāshì 지창빠스
과일	水果	shuǐguǒ 쉐이구어
과잉요금	过剩收费	guòshèng shōufèi 꾸어셩 쇼페이
관광	观光	guānguāng 꽌꽝
관광객	游客	yóukè 요커
관광버스	旅游车	lǚyóuchē 뤼요처
관광지	游览景点	yóulǎn jǐngdiǎn 요란징디엔
관리인	管理人员	guǎnlǐ rényuán 관리런위엔
관세	关税	guānshuì 관쒜이
관심	关心	guānxīn 관씬
광장	广场	guǎngchǎng 광창
괴롭히다	欺负	qīfu 치푸
교외에	市郊	shìjiāo 쓰찌아오
교차로	岔路	chàlù 차루
교통사고	交通事故	jiāotōngshìgù 찌아오통 쓰구
교통신호	交通信号	jiāotōngxìnhào 찌아오통 신하오

교통체증	堵车	dǔchē 두처
교환원	交换员	jiāohuànyuán 지아오환위엔
교환하다	交换	jiāohuàn 지아오환
교회	教堂	jiàotáng 찌아오탕
구급차	救护车	jiùhùchē 찌우후처
구두	皮鞋	píxié 피씨에
구름	云	yún 윈
구명조끼	救命背心	jiùmìng bèixīn 찌우밍뻬이씬
구석	角落	jiǎoluò 지아오루오
구역	区域	qūyù 취위
구운	烤	kǎo 카오
구입하다	卖	mài 마이
구토	呕吐	ǒu tù 오투
구하다	求	qiú 치우
국경일	国庆日	guóqìngrì 구오칭르
국기	国旗	guóqí 구오치
국내선	国内航线	guónèi hángxiàn 구오네이 항씨엔
국도	国道	guódào 구오따오
국립의	国立	guólì 오리
국적	国籍	guójí 구구오지
국제선	国际线	guójìxiàn 구오지씨엔
국제연합	国际联合	guójì liánhé 구오지리엔허
국제전화	国际电话	guójì diànhuà 구오지디엔화

부록

국제항	国际航	guó jì háng 구오지항
굽다	烤	kǎo 카오
궤양	溃疡	kuìyáng 퀘이양
귀	耳朵	ěrduo 얼두오
귀걸이	耳环	ěrhuán 얼환
귀국하다	归国	huí guó 훼이구오
귀여운	可爱	kě'ài 커아이
귀중품	贵重品	guìzhòngpǐn 꿰이쭝핀
귀찮은	麻烦	má fan 마판
규모	规模	guīmó 꿰이모
규칙	规则	guī zé 꿰이저
그 / 그녀 / 그것	他/她/它	tā/ tā/ tā 타
그늘	背阴	bèi yīn 뻬이인
그들	他们	tāmen 타먼
그리워하다	怀念	huáiniàn 화이니엔
그림	画儿	huàr 활
그림엽서	画儿明信片	huàr míngxìnpiàn 활밍씬피엔
그림자	影子	yǐngzi 잉즈
그밖의	其他	qítā 치타
극장	剧场	jù chǎng 쥐창
근육	筋肉	jīn ròu 지로우
금 / 순금	金	jīn 찐
금연구역	禁止吸烟	jìnzhǐ xīyān 진즈씨엔

금지된 禁止 jìnzhǐ 진즈
급행열차 快车 kuàichē 콰이처
긍정적 肯定 kěndìng 컨딩
기간 期间 qījiān 치지엔
기계 机器 jīqì 찌치
기관지염 气管炎 qìguǎnyán 치관엔
기내반입 휴대품 随身行李 suíshēn xíngli 수이선 씽리
기념비 纪念碑 jìniànbeī 지니엔뻬이
기념일 纪念日 jìniànrì 지니엔르
기념품 가게 纪念品商店 jìniànpǐn shāngdiàn 지니엔핀 상디엔
기다리다 等 děng 덩
기대하다 期待 qīdài 치따이
기독교신자 基督教信徒 jīdū jiào xìntú 찌두찌아오 신투
기름 油 yóu 요
기부하다 捐款 juānkuǎn 쥐엔콴
기쁘다 高兴 gāoxìng 까오씽
기숙사 宿舍 sùshè 쑤셔
기술 技术 jìshù 지수
기억하다 记 jì 지
기업 企业 qǐyè 치예
기온 气温 qìwēn 치원
기입하다 填写 tiánxiě 티엔씨에
기저귀 尿布 niàobù 니아오뿌

기침	咳嗽	késou 커소우
기타(악기)	吉他	jítā 지타
기혼의	结婚	jiéhūn 지에훈
기회	机会	jīhuì 지회이
기후	气候	qìhòu 치호우
긴	长	cháng 창
긴급	紧急	진지
깊은	深	shēn 션
깡통따개	罐起子	guànqǐzi 관치즈
깨다	打破	dǎpò 다포
껌	口香糖	kǒuxiāngtáng 코씨앙탕
꽃	花儿	huār 활
꿈	梦	mèng 멍
끄다	熄灭	xīmiè 씨미에
끔찍한	可怕	kěpà 커파
끝내다	完成	wánchéng 완청

ㄴ

나라	国家	guójiā 구오지아
나무	树	shù 수
나쁜	不好	bù hǎo 뿌하오
나이든 / 오래된	久	jiǔ 지우
나침반	指南针	zhǐnánzhēn 즈난쩐
낚시	钓鱼	diàoyú 띠아오위

난방	暖气	nuǎnqì 누안치
날씨	天气	tiān qì 티엔치
남자	男子	nánzi 난즈
남쪽	南方	nánfāng 난팡
남편	丈夫	zhàngfu 짱푸
낮 공연	白天表演	bái tiān biǎoyǎn 바이티엔 비야오옌
낮은	低	dī 띠
낮추다(가격)	便宜	piányi 피엔이
낯선 곳	生疏的地方	shēngshū de dìfang 셩수 더 띠팡
내과의사	内科大夫	nèikē dàifu 네이커 따이푸
내리다(차에서)	下车	xiàchē 씨아처
내일	明天	míngtiān 밍티엔
냅킨	餐巾纸	cānjīnzhǐ 찬진즈
너 / 너의	你 / 你的	nǐ / nǐde 니 / 니더
넓은	宽	kuān 쿠안
노래 부르다	唱歌	chànggē 창거
노력하다	努力	nǔ lì 누리
노선도	路线图	lùxiàntú 루씨엔투
노인	老人	lǎo rén 라오런
노출	显出	xiǎn chū 씨엔추
논쟁하다	争论	zhēng lùn 쩡룬
놀다	玩儿	wánr 왈
놀라운	惊人	jīng rén 찡런

놀리다 玩弄 wán nòng 완농

놀이공원 娱乐公园 yú lè gōng yuán 위러공위엔

농구 篮球 lán qiú 란치우

농담 玩笑 wán xiào 완씨아오

농업 农业 nóng yè 농예

농장 农场 nóng chǎng 농창

높은 高 gāo 까오

눈(신체) 眼睛 yǎn jing 옌징

눈 雪 xuě 쉬에

눈동자 瞳仁 tóngrén 통런

눈물 眼泪 yǎnlèi 옌레이

눈보라 风雪 fēngxuě 펑쉬에

눈사태 雪崩 xuěbēng 쉬에뻥

눈썹 眉 méi 메이

느슨한 松 sōng 쑹

부록

ㄷ

다른 不一样 bù yíyàng 뿌이양

다리(교량) 桥梁 qiáoliáng 치아오리앙

다리(사람) 腿 tuǐ 퉤이

다양한 各种各样 gèzhǒnggèyàng 꺼중꺼양

다음주 下周 xiàzhōu 씨아쪼우

다이아몬드 金刚石 jīngāngshí 진강쓰

다치다 伤害 shānghài 상하이

단발머리	剪发	jiǎn fà 지엔파
단체관광	团体游览	tuántǐ yóulǎn 투안티요란
달력	月历	yuè lì 위에리
달콤한	甜	tián 티엔
닭고기	鸡肉	jīròu 지로우
담배	香烟	xiāngyān 씨앙옌
담요	毯子	tǎnzi 탄즈
당기다	拉	lā 라
당뇨병	糖尿病	tángniàobìng 탕니아오삥
당혹스러운	惊慌	jīng huāng 찡황
대기하다	等候	děnghòu 덩호우
대다수	大多数	dàduōshù 따뚜오수
대답하다	回答	huídá 후이다
대마초	大麻	dàmá 따마
대사관	大使馆	dàshǐguǎn 따쓰관
대중교통	公共交通	gōnggòngjiāotōng 꽁꽁찌아오통
대통령	总统	zǒngtǒng 종통
대합실	等候室	děnghòushì 덩호우쓰
대학교	大学校	dàxuéxiào 따쉬에씨아오
더러운	脏	zāng 짱
도망가다	逃跑	táopǎo 타오파오
도서관	图书馆	túshūguǎn 투수관
도시	都市	dūshì 뚜쓰

도자기 陶器 táoqì 타오치

도전 挑战 tiǎozhàn 티아오짠

도착하다 到达 dàodá 따오다

독(독약) 毒药 dúyào 두야오

독감 重感冒 zhòng gǎnmào 쫑간마오

독신의 独身 dúshēn 두션

돈 钱 qián 치엔

돕다 帮助 bāng zhù 빵주

동료 同伴 tóngbàn 통빤

동물 / 동물원 动物 / 动物园 dòngwù / dòngwùyuán 똥우 / 똥우위엔

동부 东方 dōngfāng 똥팡

동상 铜像 tóngxiàng 통씨앙

동양의 东洋 dōngyáng 똥양

동전 小钱 xiǎoqián 씨아오치엔

동쪽 东方 dōngfāng 똥팡

돼지고기 猪肉 zhūròu 쭈로우

두꺼운 后 hòu 호우

두드러기 麻疹 mázhěn 마쩐

두배의 两倍 liǎng bèi 리앙뻬이

들이받다 顶撞 dǐngzhuàng 딩쥬앙

등(빛) 亮 liàng 리앙

등(신체) 背 bèi 뻬이

등기우편 挂号邮件 guàhào yóujiàn 꽈하오요지엔

등대	灯塔	dēngtǎ 떵타
등산	爬山	páshān 파샨
따로 계산	各人自己付钱	gèrén zìjǐ fùkuǎn 꺼른쯔지푸치엔
딱딱한	硬	yìng 잉
딸	女儿	nǚ'er 뉘얼
땀	汗	hàn 한
딸기	草莓	cǎoméi 차오메이
땅	地	dì 띠
떨어지다(거리)	距离	jùlí 쥐리
뛰어난	出色	chūsè 추써
뜨거운 / 더운	热	rè 러

ㄹ

라디오	收音机	shōuyīnjī 쇼인지
라이터	打火机	dǎhuǒjī 다후오지
럭비	橄榄球	gǎnlǎnqiú 간란치우
레코드가게	唱片商店	chàngpiàn shāngdiàn 창피엔 샹디엔
로비	大厅	dàtīng 따팅
리조트	避暑胜地	bìshǔ shèngdì 삐수셩띠
리프트	吊上	diàoshàng 띠아오샹
리허설	彩排	cǎipái 차이파이
룸서비스	客房服务	kèfáng fúwù 커팡푸우

마감	总结	zǒngjié 종지에

부록

마늘	蒜	suàn 쑤안
마스크	口罩	kǒuzhào 코짜오
마시다	喝	hē 허
마요네즈	蛋黄酱	dànhuángjiàng 딴황지앙
마을	村	cūn 춘
만나다	见	jiàn 찌엔
만들다	造	zào 짜오
만년필	钢笔	gāngbǐ 깡비
만지다	摸	mō 모
많은	多	duō 뚜오
만화	漫画	mànhuà 만화
말하다	说	shuō 수오
맛 / 맛있다	好吃	hǎochī 하오츠
망원경	望远镜	wàngyuǎnjìng 왕위엔징
맡기다	寄存	jìcún 지춘
매운	辣	là 라
매진	卖光	màiguāng 마이꽝
매표소	售票处	shòupiàochù 쇼피아오추
맥박	脉搏	màibó 마이보
맥주	啤酒	píjiǔ 피지우
맹장염	阑尾炎	lánwěiyán 란웨이옌
먹다	吃	chī 츠
먼	远	yuǎn 위엔

멀미	晕	yūn 윈
멋진	帅	shuài 슈아이
메뉴	菜单	càidān 차이단
면	棉	mián 미엔
면도	刮脸	guāliǎn 과리엔
면세점	免税店	miǎnshuìdiàn 미엔쒜이디엔
면허증	执照	zhízhào 쯔짜오
명소	名胜古迹	míngshènggǔjì 밍셩구지
명함	名片	míng piàn 밍피엔
모기	文字	wénzì 원쯔
모닝콜	叫醒服务	jiàoxǐng fúwù 찌아오씽푸우
모든	所有	suǒyǒu 수요우
모래	沙子	shāzi 샤즈
모자	帽子	màozi 마오즈
모자라다	不够	búgòu 부고우
모조품	仿制品	fǎngzhìpǐn 팡쯔핀
모직	毛料	máoliào 마오리아오
모피	毛皮	máopí 마오피
목	脖子	bózi 보즈
목걸이	项链	xiàngliàn 씨앙리엔
목사	牧师	mùshī 무쓰
목소리	声音	shēngyīn 셩인
목욕수건	毛巾	máojīn 마오진

목재	木材	mùcái 무차이
목적	目标	mùbiāo 무삐아오
목적지	目的地	mùdìdì 무띠띠
몸	身体	shēntǐ 션티
몸살이 나다	病痛	bìngtòng 삥통
몸이 좋지 않다	身体不好	shēntǐ bù hǎo 션티뿌하오
묘지	墓地	mùdì 무띠
무거운	重	zhòng 쭝
무게	重量	zhòngliàng 쭝리앙
무대	舞台	wǔtái 우타이
무례한	无礼	wúlǐ 우리
무료의	免费	miǎnfèi 미엔페이
무료 입장	免费入场	miǎnfèi rùchǎng 미엔페이 루창
무릎	膝盖	xīgài 씨까이
무역회사	贸易公司	màoyìgōngsī 마오이 꽁스
무지개	彩虹	cǎihóng 차이홍
무효	无效	wúxiào 우씨아오
묵다	住	zhù 쭈
문제	问题	wèntí 원티
묻다	问	wèn 원
물다	咬	yǎo 야오
뮤지컬	音乐戏剧	yīnyuè xìjù 인위에씨쥐
미술관	美术馆	měishùguǎn 메이수관

미식축구	美式足球	měishìzúqiú 메이쓰 주치우
미용사	美容师	měiróngshī 메이롱쓰
미혼	未婚	wèihūn 웨이훈
민족	民族	mínzú 민주
민속무용	民间舞蹈	mínjiān wǔdǎo 민찌엔우다오
믿기 어려운	不容易相信	bù róngyi xiāngxìn 뿌룽이 씨앙씬
믿다	相信	xiāngxìn 씨앙씬
밀가루	面粉	miànfěn 미엔펀
밀다	推	tuī 퉤이

ㅂ

바꾸다	换	huàn 환
바다	海	hǎi 하이
바닥	底面	dǐmiàn 띠미엔
바닷가재	海鳌虾	hǎiáoxiā 하이아오씨아
바람	风	fēng 펑
바쁜	忙	máng 망
바지	裤子	kùzi 쿠즈
박람회	博览会	bólǎnhuì 보란회
박물관	博物馆	bówùguǎn 보우관
반	半	bàn 빤
반대편	反方向	fǎnfāngxiàng 판팡시앙
반지	戒指	jièzhǐ 찌에즈
반팔	半袖	bànxiù 빤씨우

반창고	橡皮膏	xiàngpígāo 씨앙피까오
반품하다	退货	tuìhuò 퉤이후오
발	脚	jiǎo 찌아오
발견하다	发现	fāxiàn 파씨엔
발송인	送货人	sònghuòrén 쏭후오런
밝은	明亮	míngliang 밍리앙
밤	夜	yè 예
방	房子	fángzi 팡즈
방법	方法	fāngfǎ 팡파
방향	方向	fāngxiàng 팡씨앙
방해하다	妨碍	fáng'ài 팡아이
배(신체)	肚子	dùzi 뚜즈
배(과일)	梨子	lízi 리즈
배고픈	饿	è 어
배낭	背包	bèibāo 뻬이빠오
배달하다	送	sòng 쏭
배우다	学习	xuéxí 쉬에시
백포도주	白葡萄酒	báipútáojiǔ 바이푸타오지우
백화점	百货商店	bǎihuòshāngdiàn 바이후오샹띠엔
버스정류장	停车站	tíngchēzhàn 팅처짠
번호	号码	hàomǎ 하오마
범위	范围	fànwéi 판웨이
범죄	犯罪	fànzuì 판쮀 이

벗다	脱	tuō 투오
베개	枕斗	zhěntou 쩐토우
벼룩시장	跳蚤市场	tiàozǎo shìchǎng 티아오자오 쓰창
변비	便秘	biàn mì 삐엔미
병	病	bìng 삥
병원	医院	yīyuàn 이위엔
보내다	送	sòng 쏭
보도	报道	bàodào 빠오따오
보다	看	kàn 칸
보상하다	补偿	bǔcháng 부창
보석 / 보석가게	宝石 / 宝石商店	bǎoshí/bǎoshí shāngdiàn 바오쓰/ 바오쓰샹디엔
보조열쇠	补助钥匙	bǔzhù yàoshi 부주야오쓰
보증금	押金	yājīn 야진
보험	保险	bǎoxiǎn 바오씨엔
보호하다	保护	bǎohù 바오후
복사하다	复印	fùyìn 푸인
복잡한	复杂	fùzá 푸자
복통	肚子痛	dùzitòng 뚜즈통
봄	春天	chūntiān 춘티엔
봉투	信封	xìnfēng 씬펑
부드러운	柔软	róuruǎn 로루안
부럽다	羡慕	xiànmù 씨엔무
부르다	叫	jiào 찌아오

부모	父母	fùmǔ 푸무
부엌	厨房	chúfáng 추팡
부유한	富裕	fùyù 푸위
부족한	不足	bùzú 뿌주
부지런한	勤勉	qínmiǎn 친미엔
부탁하다	托付	tuōfù 투오푸
북쪽	北方	běifāng 베이팡
분실물	丢失品	dīushīpǐn 띠우쓰핀
분위기	气氛	qìfen 치펀
불	火	huǒ 후오
불교	佛家	fójiā 포지아
불량품	次品	cìpǐn 츠핀
불면증	失眠症	shīmiánzhèng 셔미엔쩡
불안한	不安	bù'ān 뿌안
불평	不满	bùmǎn 뿌만
붕대	绷带	bēngdài 뻥따이
브래지어	胸罩	xiōngzhào 씨옹짜오
비	雨	yǔ 위
비누	肥皂	féizào 페이자오
비단	绸缎	chóuduàn 초우뚜안
비밀	秘密	mìmì 미미
비상계단	安全梯	ānquántī 안취엔티
비상구	安全出口	ānquánchūkǒu 안취엔추코우

비슷한	相似	xiāng sì 씨앙스
비용	费用	fèi yòng 페이용
비행기	飞机	fēi jī 페이지
빈방	空间	kōng jiān 콩지엔
빈 자리	空位	kōng wèi 콩웨이
빈혈	贫血	pín xuè 핀쓰웨
빌려주다	借	jiè 지에
빗	梳子	shūzi 슈즈
빙하	冰河	bīnghé 빙허
빨대	吸管	xīguǎn 씨관
빨리	赶快	gǎnkuài 간콰이
빵	面包	miànbāo 미엔빠오
빼다	抽	chōu 초우
뼈	骨	gǔ 구

ㅅ

사거리	十字路口	shízìlùkǒu 셔즈루코우
사고	事故	shìgù 셔구
사기	欺诈	qīzhà 치짜
사다	买	mǎi 마이
사람들	人们	rénmen 런먼
사람의 수	人数	rénshù 런수
사랑스러운	可爱	ài 커아이
사막	沙漠	shāmò 샤모

사무실	办公室	bàngōngshì 빤꽁쓰
사용료	使用费	shǐyòngfèi 스용페이
사용하다	使用	shǐyòng 스용
사우나	桑拿	sāngná 상나
사원	职员	zhíyuán 즈위엔
사진	照片	zhàopiàn 짜오피엔
사진촬영 금지	禁止拍照	jìnzhǐpāizhào 찐즈파이짜오
사촌	堂兄弟	tángxiōngdì 탕씨옹띠
사회	社会	shèhuì 셔회
산	山	shān 샨
산부인과 의사	产科大夫	chǎn kē dàifù 찬커따이푸
산소마스크	氧气面具	yǎngqì miànjù 양치미엔쥐
살다	住	zhù 쭈
삼각형	三角形	sān jiǎo xíng 싼찌아오씽
삼촌	叔叔	shūshu 수수
상대방	对方	duìfāng 뛔이팡
상반신	上半身	shānbànshēn 샹반션
상연(공연)	表演	biǎoyǎn 비아오옌
상인	商人	shāngrén 샹런
상자	箱子	xiāngzi 씨앙즈
상황	情况	qíngkuàng 칭쾅
새	鸟	niǎo 니아오
새로운	新	xīn 씬

새벽	早晨	zǎochén 자오천
샐러드	沙拉	shālā 샤라
생리대	月经布	yuèjīngbù 위에징뿌
생선	鲜鱼	xiānyú 씨엔위
생일	生日	shēngrì 셩러
서두르다	忙着	mángzhe 망저
서명	签名	qiānmíng 치엔밍
서점	书店	shūdiàn 수띠엔
서쪽	西方	xīfāng 씨팡
섞다	混合	hùnhé 훈허
선물	礼物	lǐwù 리우
선택	选择	xuǎnzé 쉬엔저
선풍기	电扇	diànshàn 띠엔샨
설명서	说明书	shuōmíngshū 수오밍수
설사	拉肚子	lādùzi 라뚜즈
설탕	糖	táng 탕
섬	岛	dǎo 다오
성(건축)	城	chéng 청
성냥	火柴	huǒchái 후오차이
성당	天主堂	tiānzhǔtáng 티엔주탕
세관 검사	验关	yànguān 옌관
세금	税	shuì 쉐이
세탁	洗衣服	xǐyīfu 시이푸

부록

셔츠	衬衫	chènshān 천샨
소개하다	介绍	jièshào 지에샤오
소고기	牛肉	niúròu 니우로우
소녀 / 소년	少女 / 少年	shào nǚ/shào nián 샤오뉘/샤오니엔
소매치기	扒手	páshǒu 파쇼우
소방서	消防站	xiāofáng zhàn 씨아오팡짠
소음	噪音	zàoyīn 짜오인
소지품	随身用品	suíshēnyòngpǐn 수이션용핀
소풍	郊游	jiāo yóu 찌아오요우
소화불량	消化不良	xiāohuàbúliáng 씨아오화 뿌리앙
소화제	消化药	xiāo huà yàop 씨아오화야오
속달우편	快件	kuài jiàn 콰이지엔
속옷	内衣	nèi yī 네이이
손 / 손가락	手 / 手指	shòu/shǒuzhǐ 쇼우 / 쇼우즈
손수건	手绢	shǒujuàn 쇼우지엔
손톱	手指甲	shǒuzhǐjiǎ 쇼즈지아
손해	损害	sǔnhài 순하이
쇼핑	逛街	guàngjiē 꽝지에
수리하다	修理	xiūlǐ 씨우리
수면제	安眠药	ānmiányào 안미엔야오
수수료	收费	shōufèi 쇼페이
수술	手术	shǒushù 쇼수
수신인	收件人	shōujiànrén 쇼지엔런

수업 上课 shàng kè 샹커

수염 胡子 húzi 후즈

수영 游泳 yóuyǒng 요용

수입하다 进口 jìnkǒu 찐코우

수정 修改 xiūgǎi 씨우가이

수족관 水族馆 shuǐzúguǎn 쉐이주관

수표 支票 zhīpiào 즈피아오

수하물 行李 xíngli 씽리

슬픈 悲伤 bēishāng 뻬이샹

시내 중심가 市内中心 shìnèizhōngxīn 쓰네이쭝신

시장 市场 shìchǎng 쓰창

시청 市厅 shì tīng 쓰팅

식물원 植物园 zhíwùyuán 즈우위엔

식중독 食物中毒 shíwùzhōngdú 쓰우쭝두

신고 申报 shēnbào 션빠오

신문 新闻 xīnwén 씬원

신분증명서 身份证明书 shēnfèn zhèngmíngshū 션펀쩡밍수

신용카드 信用卡 xìnyòngkǎ 씬용카

신청하다 申请 shēn qǐng 션칭

신호 信号 xìnhào 씬하오

신혼여행 蜜月旅行 mìyuèlǚxíng 미위에뤼씽

실수 错误 cuòwù 추오우

실패하다 失败 shībài 쓰빠이

부록

싫어하다	讨厌	tǎoyàn 타오옌
쌀	米	mǐ 미
쓰레기	垃圾	lājī 라지

ㅇ

아기 / 아내 / 아들	小孩儿/妻子/儿子	xiǎoháir/qīzi/érzi 씨아오할/치즈/얼즈
아침식사	早饭	zǎofàn 자오판
안개	雾气	wùqì 우치
안경	眼镜	yǎnjìng 옌징
안내서	介绍书	jièshàoshū 찌에샤오수
안내소	咨询台	zīxúntái 즈쉰타이
야경	夜景	yèjǐng 예징
약 / 약국	药 / 药店	yào/yàodiàn 야오 / 야오디엔
약속하다	约定	yuēdìng 위에띵
양념	资料	zīliào 티아오리아오
어두운	暗	àn 안
어려운	难	nán 난
어지럽다	昏	hūn 훈
어학연수	进修语言	jìnxiūyǔyán 진씨우위옌
얼룩	斑点	bāndiǎn 빤디엔
여권	护照	hùzhào 후자오
여행자 수표	旅行支票	lǚxíngzhīpiào 뤼씽즈피아오
연기	延期	yánqī 옌치
연휴	休假	xiūjià 씨우지아

영수증	收据	shōujù 쇼우쥐
예매권	预售票	yùshòupiào 위쇼피아오
예방주사	预防针	yùfángzhēn 위팡쩐
예약취소 대기	等候取消预定	děnghòuqǔxiāoyùdìng 덩호우 취씨아오위딩
온도	温度	wēndù 원뚜
온천	温泉	wēnquán 원취엔
왕복표	往返票	wǎngfǎnpiào 왕판피아오
외로운	孤独	gūdú 꾸두
요금표	收费表	shōufèibiǎo 쇼페이피아오
우체국	邮局	yóujú 요쥐
우체통	邮箱	yóuxiāng 요씨앙
운전 면허증	架驶执照	jiàshǐzhízhào 지아쓰즈짜오
원숭이	猴子	hóuzi 호우즈
유람선	游览船	yóulǎnchuán 요란추안
유적지	名胜古迹	míngshènggǔjì 밍셩구찌
유실물 보관소	失物寄存所	shīwùjìcúnsuǒ 쓰우지춘수오
유행성 감기	流行性感冒	liúxíngxìnggǎnmào 류싱씽간마오
일기예보	天气预报	tiānqìyùbào 티엔치위빠오
일방통행	单程通行	dānchéngtōngxíng 단청통씽
1일 이용권	一天利用票	yītiānlìyòngpiào 이티엔 리용피아오

ㅈ

자동차 사고	交通事故	jiāotōngshìgù 찌아오통 쓰구
작성하다	制定	zhìdìng 즈띵

잔돈	零钱	líng qián 링치엔
장난감(가게)	玩具	wán jù 완쥐
재발행하다	再发行	zài fā xíng 짜이파씽
저녁식사	晚饭	wǎnfàn 완판
전기	电气	diànqì 디엔치
전망이 좋은	风景好	fēngjǐng hǎo 펑징하오
전문학교	专门学校	zhuānménxuéxiào 쭈안먼 쉬에씨아오
전보	电报	diànbào 띠엔빠오
전염병	传染病	chuánrǎnbìng 추안란삥
전자제품	电器	diànqì 띠엔치
전통적인	传统	chuántǒng 추안통
전화번호부	电话号码簿	diànhuàhàomǎbù 띠엔화하오마뿌
절	寺庙	sìmiào 쓰미아오
절약하다	节省	jiéshěng 지에셩
접착제	浆糊	jiānghú 지앙후
점원	店员	diànyuán 띠엔위엔
접속	连接	liánjiē 리엔지에
젓가락	筷子	kuàizi 콰이즈
정보	情报	qíng bào 칭빠오
정숙	肃静	sù jìng 쑤징
정식(식사)	吃饭	chī fàn 츠판
정원	庭院	tíng yuàn 팅위엔
정육점	肉店	ròu diàn 로우디엔

정치, 정치가	政治，政治家	zhèng zhì, zhèng zhì jiā 쩡쯔, 쩡쯔지아
제목	题目	tí mù 티무
제외하다	除外	chú wài 추와이
제출하다	呈交	chéng jiāo 청찌아오
조건	条件	tiáo jiàn 티아오지엔
종교	宗教	zōng jiāo 쫑찌아오
좌석, 좌석번호	座位，座位号码	zuò wèi, zuò wèi hào ma 쭈오웨이, 쭈오웨이하오마
주(날짜)	周	zhōu 쪼우
주(행정)	州	zhōu 쪼우
주유소	加油站	jiā yóu zhàn 지아요짠
주의하다	注意	zhù yì 쭈이
주차금지	禁止停车	jìn zhǐ tíng chē 찐즈팅처
지구	地球	dì qiú 띠치우
지름길	抄道	chāo dào 차오따오
지불하다	付钱	fù qián 푸치엔
지하도	地道	dìdào 띠따오
지하철노선도	地铁路线图	dì tiě lù xiàn tú 띠티에 루씨엔투
지하철 역	地铁站	dì tiě zhàn 띠티에짠
직업	职业	zhí yè 즈예
진단서	诊断书	zhěn duàn shū 전뚜안수
진실	真实	zhēn shí 쩐쓰
진통제	止痛药	zhǐ tòng yào 즈통야오
짜증나게 하다	让～发脾气	ràng~ fā pí qì 랑 ～ 파피치

차(마시는)	茶	chá 차
차별하다	差别	chābié 차비에
착각	错觉	cuòjué 추오쥐에
착륙	着陆	zhuólù 쭈오루
찬성하다	赞成	zànchéng 짠청
찬송가	赞颂歌	zànsònggē 짠송꺼
참석하다	参加	cānjiā 찬찌아
창가자리	靠窗的位子	kàochuāng de wèizi 카오추앙더 웨이즈
찾다, 탐색하다	寻找	xúnzhǎo 쉰자오
채식주의자	素食主义者	sùshízhǔyìzhe 수쓰주이저
처방전	药方	yàofāng 야오팡
천식	气喘	qìchuǎn 치추안
철도	铁路	tiělù 티에루
청구서	申请书	shēnqǐngshū 션칭수
체류기간	逗留期间	dòuliú qījiān 또우리우치지엔
체온	体温	tǐwēn 티원
체질	体质	tǐzhì 티즈
초과	超过	chāoguò 차오꾸어
초대	邀请	yāoqǐng 야오칭
초보자	初步者	chūbùzhe 추부저
최저요금	最低收费	zuìdīxiāofèi 쮀이띠 쇼페이
추가하다	补加	bǔjiā 부지아
추월금지	禁止超车	jìnzhǐchāochē 찐즈차오처

출국	出国	chūguó 추구어
출신지	出身地	chūshēndì 추션띠
충돌사고	碰撞事故	pèngzhuàng shìgù 펑쫭쓰구
충치	虫牙	chóngyá 총야
취미	爱好	àihào 아이하오
취소하다	取消	qǔxiāo 취씨아오
치약	牙膏	yágāo 야까오
치질	痔疮	zhìchuāng 쯔추앙
치통	牙痛	yátòng 야통

ㅋ

카톨릭	天主教	tiānzhǔjiāo 티엔주찌아오
칸막이 객실	隔间客房	géjiān kèfáng 거지엔커팡
코	鼻子	bízi 비즈
콘돔	避孕套	bìyùntào 삐윈타오
큰	大	dà 따

ㅌ

타다	乘坐	chéngzuò 청쭈오
타박상	碰伤	pèngshāng 펑샹
탄산음료수	碳酸饮料	tànsuān yǐnliào 탄수안인리아오
탈의실	试衣间	shìyījiān 쓰이지엔
탑승권	登机牌	dēngjīpái 떵지파이
태권도	跆拳道	táiquándào 타이취엔따오
태풍	台风	táifēng 타이펑

테러	恐怖主义	kǒngbù zhǔyì 콩뿌주이
통역하다	翻译	fānyi 판이
통로, 통로쪽	渠道 / 渠道方向	qúdào / qúdào fāngxiàng 취따오/취따오 팡씨앙
통행, 통행인	通行 / 通行人	tōngxíng, tóngxíngrén 통씽 / 통씽런
통행금지	禁止通行	jìnzhǐ tōngxíng 진즈통씽
투명한	透明	tòumíng 토우밍
특급열차	特快火车	tèkuàihuǒchē 터콰이후어처
특별한	特别	tèbié 터비에
특산품	特产品	tèchǎnpǐn 터찬핀

ㅍ

파도	波浪	bōlàng 뽀랑
파마	烫发	tàngfà 탕파
판단하다	判断	pànduàn 판뚜안
판매	出售	chūshòu 추쇼우
편견	偏见	piānjiàn 피엔지엔
편도권	单程票	dānchéngpiào 단청피아오
편리한	方便	fāngbiàn 팡삐엔
편지	信	xìn 씬
평가	评价	píngjià 핑지아
평균	平均	píngjūn 핑쥔
평화롭게	和平	hépíng 허핑
폐관시간	闭馆时间	bìguǎn shíjiān 삐관쓰지엔
폐렴	肺炎	fèiyán 페이옌

폐점	关店	guāndiàn 꽌디엔
포기하다	放弃	fàngqì 팡치
포장	包装	bāozhuāng 빠오쥬앙
포함하다	包括	bāokuò 빠오쿠오
폭포	瀑布	pùbù 푸뿌
품목	货单	huòdān 후오딴
피곤하다	累	lèi 레이
피부과	皮肤科	pífūkē 피푸커
피서지	避暑胜地	bìshǔshèngdì 삐수셩띠
피임약	避孕药	bìyùnyào 삐윈야오
피해자	受害者	shòuhàizhě 쇼하이저

ㅎ

하수도	下水道	xiàshuǐdào 씨아쉐이따오
학생요금	学生收费	xuéshēngshōufèi 쉬에셩쇼페이
학생증	学生证	xuéshēngzhèng 쉬에셩쩡
한가한	闲	xián 시엔
한국대사관	韩国大使馆	Hánguó dàshǐguǎn 한구어따쓰관
한기를 느끼다	感觉寒气	gǎnjué hánqì 간쥬에한치
할인(하다)	减价	jiǎnjià 지엔지아
화장실	卫生间	wèishēngjiān 웨이셩지엔
할증요금	加价	jiājià 지아지아
항공권	机票	jīpiào 지피아오
해	太阳	tàiyáng 타이양

어르신들을 위한 여행 중국어

따라 읽으면 되는 여행 중국어

초판 발행 2024년 4월 25일

지은이 편집부
펴낸이 김채민
펴낸곳 힘찬북스

출판등록 제410-2017-000143호
주소 서울특별시 마포구 망원로 94, 301호
전화 02-2272-2554
팩스 02-2272-2555
이메일 hcbooks17@naver.com

ISBN 979-11-90227-37-7 13700